古代史の舞台となった日本の神社200選

青木 康　古川順弘

宝島社

はじめに

神社でひもとく この国の成り立ち

現代と過去をつなぐタイムカプセル

神社を信仰する「神道《しんとう》」は、独自の文化を育み、世界最長の1万年もの狩猟採集社会を維持した縄文時代の信仰を原型とする。例えば、神社には鎮守の杜《もり》と呼ばれる森林があり、御神木が祀られる。こうした自然を構成要素の一つとする宗教施設は世界的にも珍しい。これは縄文時代のアニミズム（自然信仰）が受け継がれているためである。外来の宗教が伝来する前に誕生した神道には教えや戒律がなく、「和」や「きれい好き（ケガレへの忌避）」といった日本人の伝統的な価値観を伝える。

弥生時代に入り、稲作がはじまると大規模なムラが誕生し、組織を束ねるリーダーが誕生した。そして、このリーダーの権威を高め、グループの一体感を醸成するために、グループの祖先を祀る

三輪山からの風景／日本最古の神社の一つといわれる大神神社が鎮座する三輪山の麓には、ヤマト王権の最初の王都が営まれた。

祖霊信仰が生まれた。やがて祖霊信仰は大規模な古墳建造へと発展していく。現存する日本最古の歴史書『古事記』や最古の正史『日本書紀』(記紀)に、天皇家の歴史だけでなく、各豪族の起源についても記されているのはこのためだ。

記紀をはじめ、日本各地の歴史や風俗を伝える『風土記《ふどき》』や豪族によって編纂された『古語拾《こごしゅう》遺《い》』など、日本には数多くの神話が残されている。ところがこれらの文字文献が編纂されたのは8世紀以降のことであり、ヤマト王権が誕生した3世紀後半から400年以上の隔たりがある。この空白の時代をつなぐのが連綿とした歴史を受け継ぐ神社である。

神々に由来する聖地や祖先の事績を記念した場所には神社が創建され、神話や伝承といった形で過去の出来事を現代に伝える。神社を知ることは日本の歴史を知ることにつながるのである。本書では、全国に8万以上あるともいわれる神社の中から200社を厳選した。神社を通して古代日本の成り立ちを見てみよう。

古代史の舞台となった日本の神社200選

目次

第3章 日本建国の時代

第4章 ヤマト王権の創成期

第5章 初期ヤマト王権の時代

第6章 倭の五王の時代

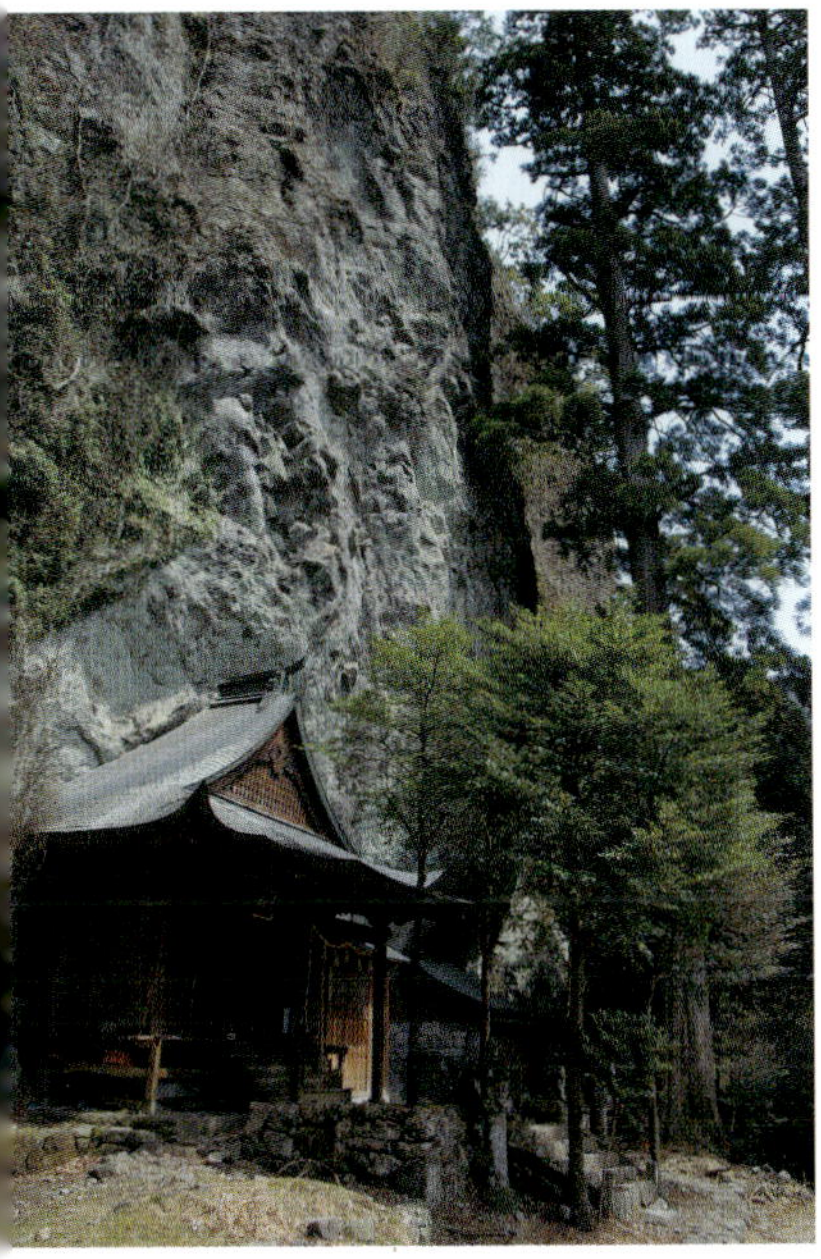

第7章 飛鳥時代

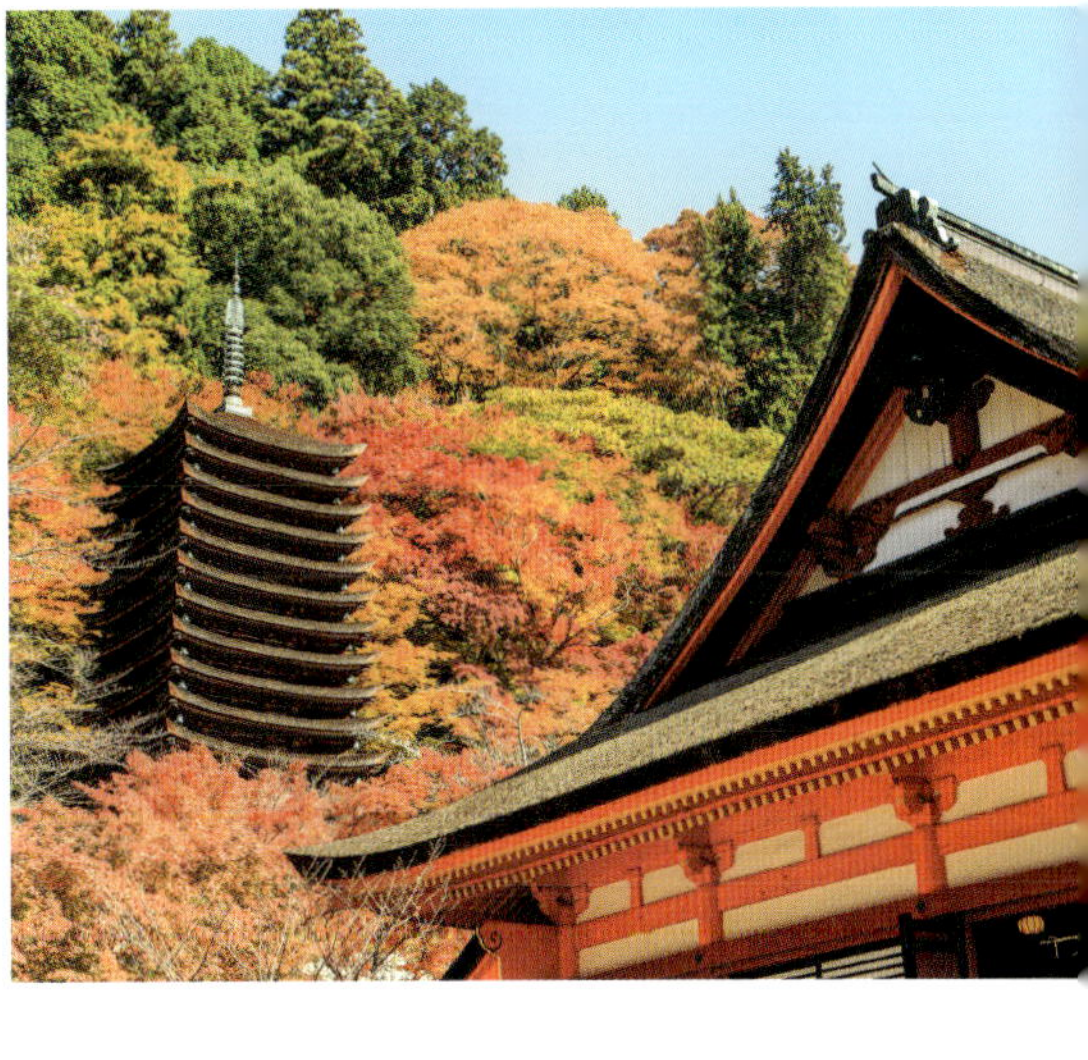

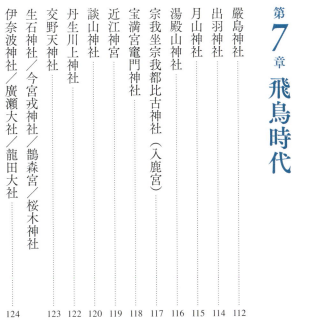

第8章 律令国家の成立

第1章 神話の時代

世界の多くの宗教や民族に創世神話や起源譚《たん》があるように、記紀神話においても国土の創造と神々の誕生が描かれている。しかし、日本神話が特異なのは、人間社会と同じように、多くの神々が協力し合い、時に争い、死にさえする点だ。そこには、古代におけるクニとクニとの衝突と融合の記憶や、自然の中で育まれてきた日本人の価値観が色濃く残っている。

「天照大御神」伊藤龍涯 画　神宮徴古館 所蔵

日本列島と神々を産んだ母神の陵墓

花窟神社

はなのいわやじんじゃ

『日本書紀』に記された最古の神社の一つ

記紀では、日本列島や自然界の神々を生んだのが、イザナギとイザナミという夫婦神と伝わる。このイザナミの陵墓《りょうぼ》とされるのが、三重県熊野市有馬町の「花の窟《いわや》」と呼ばれる岩窟である。熊野灘に面して立つ高さ約45メートルの巨岩であり、地表近くには大きなくぼみがあり、御幣《ごへい》（神道における捧げ物の一種）が立てられており、社殿はない。毎年2月の春季大祭と10月の秋季大祭に行われる御綱《おつな》掛《か》け神事では、巨岩の頂上から境内の御神木まで長さ約170メートルの大綱が掛け渡され、花や扇が飾られる。

『日本書紀』ではほかの歴史書や伝承などの異伝を「一書《あるふみ》」として掲載している。この『日本書紀』の一書では、イザナミの埋葬地は、紀伊国の熊野の有馬村であるとし、人々はイザナミの神霊のために花を供え、歌舞を奉納したと伝えられる。御綱掛け神事はこの故事を彷彿とさせるものである。

神社に社殿が造営されるようになるのは7世紀のことで、伝来した仏教の寺院建築に影響を受けてからである。原始の神道では、人智の及ばない巨岩や巨木などの自然物に神が宿ると考えた。花窟神社には社殿はなく、花の窟を御神体として祀っている。

紀伊半島の中心には、ヤマト王権が誕生した奈良盆地がある。と

❶

❶花の窟／花窟神社の御神体で、高さ約45メートルの凝灰岩で、イザナミの埋葬地と伝えられる。❷王子ノ窟（聖ノ窟）／花の窟の近くにある高さ約12メートルの巨岩で、火の神・カグツチの神霊を祀っている。❸お綱／巨岩の頂上から御神木までお綱が掛け渡されている。春と秋の大祭では御綱掛け神事が行われ、新しいお綱に掛け替えられる。❹丸石／花の窟から落ちてきたと伝えられる球状の磐座で、患部を触ってからこの石をなでると治癒するという信仰がある。

ころが、紀伊半島には東西に山脈が幾重にも連なることから南北の移動が難しい地だった。こうした地形的背景から紀伊半島南東部の熊野の地には、花の窟に代表される巨岩信仰（磐座《いわくら》信仰）が多く残っている。

日本神話が世界の国々に残る神話と比べてユニークな点は、世界の創造神が存在しないことである。世界に残る多くの神話では、まず神が誕生し、その神が世界を創造することからはじまる。ところが日本神話では、すでに世界が存在し、そこに自然発生的に神々が次々と誕生する。こうした中でイザナギとイザナミという夫婦神も生まれた。夫婦神は混沌とした大地をかき混ぜ、小さな島（淤能碁《おのご》呂《ろ》島）をつくると降り立ち、結婚の儀式を行った。

こうして生まれたのが、日本列島を形成する八つの島々だった。地上世界を産んだイザナミは、次に自然界の神々を出産した。ところが火の神であるカグツチを産んだ際にホト（陰部）を火傷したことが原因でイザナミは亡くなってしまった。女性の陰部から火が生まれる伝承は、太平洋の南洋諸島などに広がっており、熊野灘に面した地にある花の窟と海を通じて神話の交流があったことが考えられる。

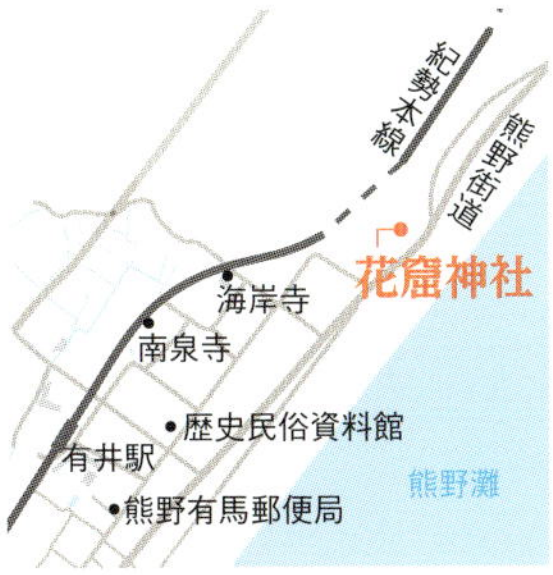

三重県熊野市有馬町130

❶拝殿／「お多賀さん」の名で親しまれ、豊臣秀吉は延命長寿を願い太閤橋や奥書院庭園を奉納した。❷お多賀杓子／44代元正天皇の病気平癒の祈願のために、強飯に木でつくった杓子を添えて献上したところ全快したことから、「お多賀杓子」が縁起物となっている。❸万灯祭／毎年8月3日にイザナギの降臨地である杉坂山で古式に則ってつけられた火で1万を超える行灯がともされる。

イザナギが降臨した
琵琶湖東岸の聖地

多賀大社

たがたいしゃ

『古事記』編纂時からのイザナギ信仰の聖地

日本列島や多くの神々を生んだイザナギとイザナミを祀る神社が、琵琶湖の東岸に鎮座する多賀大社である。『古事記』にはイザナギ「淡海《おうみ》（近江）の多賀に坐すなり」と記述があり、『古事記』編纂時からイザナギ信仰の聖地だったことがわかっている。イザナギは国生みを行ったのちにこの地に降臨し、休息をしたと伝わる。

天上世界の主宰神であるアマテラスの親神であることから江戸時代には、俗に「お伊勢参らば、お多賀へ参れ、お伊勢はお多賀の子でござる」と呼ばれた。またイザナギ・イザナミ信仰がある熊野に対して「伊勢へ七たび、熊野へ三たび、お多賀さまへは月まいり」という俗謡もある。

イザナミが火の神の出産が原因で亡くなると、イザナギは妻に会いに黄泉《よみ》の国（死者の国）に行くが、黄泉の国の食べ物を食べたために体が腐乱したイザナミの姿に恐れをなしたイザナギは逃げ出した。恥をかかされたイザナミは後を追い、黄泉比良坂《よもつひらさか》で対峙した。そこでイザナミは「あなたの国の人々を1日1000人殺そう」といい、イザナギは「それならば私は1日1500人を産もう」と応じた。こうしたことからイザナギとイザナミは生と死を司る神とされる。養老年間（717〜724年）に、44代元正天皇が重篤となったことから、多賀大社の神官が強飯《こわいい》を炊き祈願をしたところ、全快したと伝わる。

滋賀県犬上郡多賀町多賀604

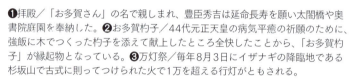

イザナギの神陵跡と伝わる
「はじまりの地」

伊弉諾神宮

いざなぎじんぐう

ヤマト王権を支えた生産と物流の拠点

『日本書紀』でイザナギの幽宮《かくりのみや》(終《つい》の住処)の地とされるのが伊弉諾神宮とされる。イザナギとイザナミは八つの島を生み出すが、最初に生まれたのが淡路島である。そのため、淡路島は「はじまりの地」とされ、イザナギとイザナミが降り立った淤能碁呂島《おのごろ》の伝承地が複数存在する。イザナギとイザナミは天浮橋《あめのうきはし》に立ち、天沼矛《あめのぬぼこ》を下ろして混沌とした世界を掻き回し、この矛から滴り落ちた潮が積もって淤能碁呂島ができたとされる。

イザナギとイザナミを祀る神社は淡路島を中心にほぼ近畿地方に限定されている。また宮中祭祀においてもイザナギとイザナミを特別視した様子が見られない。そのため、イザナギとイザナミは、淡路地域の人々を中心としたローカルな神とする説がある。

ヤマト王権は大陸から輸入される鉄の流通を一元管理することで、地方勢力を統治した。淡路島はこの鉄の流通路の要衝地であり、淡路島北部の五斗長垣内《ごっさかいと》遺跡では2世紀から鉄器づくりが行われた。また淡路島東部の二ツ石戎ノ前遺跡からは辰砂《しんしゃ》(硫化水銀からなる鉱物)から朱が生成された。朱は古墳の石室を装飾するために用いられた神聖なものである。淡路島はヤマト王権の重要な生産と物流の拠点であり、そのためイザナギとイザナミは神話における重要な神々となったとも考えられる。

兵庫県淡路市多賀740

❶神門から望む拝殿／『日本書紀』におけるイザナギの幽宮の跡とされ、本殿が建てられている場所は、イザナギの神陵があった地とされる。❷夫婦大楠／樹齢約900年の楠で、樹高は30メートルを超える。平安時代中期にはすでにこの大楠を奉斎していたことがわかっている。❸上立神岩(かみたてがみいわ、兵庫県南あわじ市沼島)／淡路島の南にある奇岩で、淤能碁呂島の伝承地とされる。高さは約30メートル。

神話に描かれたヤマト王権の祭祀場

宗像大社

むなかたたいしゃ

女神が祀られる神の島

記紀に記された記述と、実際の考古学的な成果が一致する例として、宗像大社がある。祭神は宗像三女神と呼ばれるタゴリヒメ、タギツヒメ、イチキシマヒメで、それぞれ対馬海流の濃霧、急流、島を象徴する神ともいわれる。

宗像大社は三社で構成され、宗像大社の沖津宮《おきつぐう》にタゴリヒメ、中《なか》津宮《つぐう》にタギツヒメ、辺津宮《へつぐう》にイチキシマヒメが祀られた。沖津宮がある沖ノ島は入島が制限された禁足地となっており、10日ごとに神職1名が上陸して奉仕している。

この宗像三女神は、天上世界の主宰神であるアマテラスとその弟のスサノオが行った「誓約《うけい》」によって誕生した。誓約は神意をはかる儀式で弥生時代から行われていた占いの一種である。

イザナギから海の国を統治するように命じられたスサノオだったが、仕事を怠ったため、天上世界を追放されることになった。スサノオはアマテラスのもとへ別れの挨拶に行くが、アマテラスはスサノオが攻めてきたと疑い、誓約を行った。これによって美しい三女神が誕生したことでスサノオの潔白が証明された。生まれた三女神に対して、アマテラスは歴代天皇を補佐するように神勅を授けたことから、地上世界に降臨して3ヶ所に鎮まったと伝えられる。これが宗像大社のはじまりとされる。

沖ノ島では昭和29年（1954）

❶辺津宮／九州本土にある辺津宮は宗像信仰の中心地であり、境内には沖津宮のタゴリヒメを祀る第二宮、中津宮のタギツヒメを祀る第三宮がある。❷みあれ祭（毎日新聞社 提供）／秋季大祭の初日に行われる祭事で、沖津宮と中津宮から御神体を遷し、辺津宮で迎える。この海上巡幸では100隻あまりの漁船が大漁旗を掲げて続く。❸高宮祭場／辺津宮にある古代の祭祀場で、イチキシマヒメが降臨した地と伝わる。❹沖津宮（毎日新聞社 提供）／4世紀から9世紀にかけて祭祀が行われた沖津宮では、岩上から岩陰、半露天、露天へと徐々に祭祀形態が変化していった様子がわかる。現在では磐座前に社殿が建てられている。

から数次にわたる調査が行われ、ヤマト王権の初期段階の4世紀から遣唐使が停止された9世紀までの祭祀の遺物が発見された。出土した8万点あまりの遺物は国宝に指定されている。神話の通り、沖ノ島では祭祀場となっていたのである。また宗像の地は、645年の大化の改新後に全国に八つしかない神郡（神社の所領）とされた。九州では唯一の神郡とされたことからも中央政権から重要視された地だったことがわかる。

貿易ルートを守護した宗像の女神

北部九州は、弥生時代における先進地域であり、3世紀の日本を記した中国の歴史書『魏志』倭人伝には多くの国が北部九州にある。『魏志』倭人伝では北部九州から壱岐と対馬を経由して朝鮮半島へと向かうルートが記されている。宗像大社の辺津宮・中津宮（大島）・沖津宮（沖ノ島）はこの海上ルートに並行するようにある。

朝鮮半島と北部九州の間には対馬海流が西から東へ流れており、船は東へ流されやすい。宗像大社の三社は航路を外れていないかを確認するための海上の目印となったと考えられる。また沖ノ島は周囲約4キロの小島だが湧水があり、遭難した船乗りの緊急避難所の役割もあった。こうしたことから沖ノ島や大島は船乗りを守護する島として信仰されたのである。

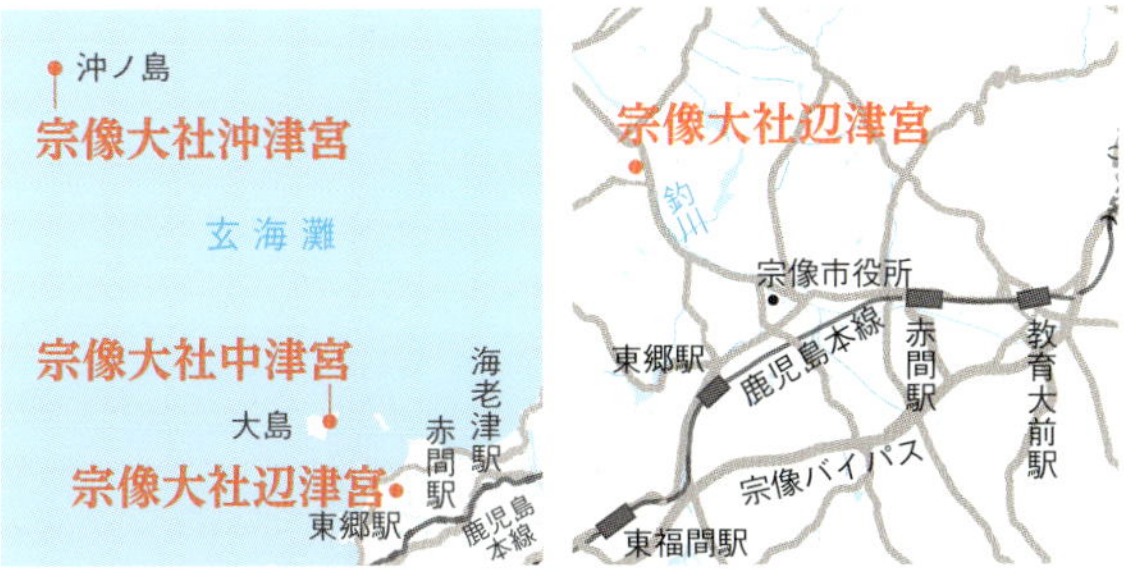

辺津宮：福岡県宗像市田島 2331　中津宮：福岡県宗像市大島1811
沖津宮：福岡県宗像市沖ノ島（上陸不可）

❶日前神宮／日像鏡を御神体とする神社で、かつては日前神宮と國懸神宮は一社二座（1つの神社に2つの神を祀る）だったともいわれる。❷國懸神宮／平安時代の藤原実資の日記『小右記』には、宮中には「伊勢大神之分身」とされる3面の鏡があったとあり、八咫鏡と日前神宮・國懸神宮の2面の鏡の形代と考えられる。❸鳥居／2つの神社が並立する形態は伊勢神宮の内宮と外宮にも見られる。紀伊半島の東部に伊勢神宮があるのに対して、西部に姉妹鏡を祀る日前神宮・國懸神宮がある。

八咫鏡と同型と伝わる鏡を祀る

日前神宮・國懸神宮

ひのくまじんぐう・くにかかすじんぐう

天岩戸開きのためにつくられた御神体

二つの神社が一つの境内に鎮座する特殊な信仰形態をなしているのが、日前神宮と國懸神宮である。両社とも鏡を御神体としており、日前神宮は日像《ひがた》鏡を、國懸神宮は日矛《ひぼこ》鏡を祀っている。

御神体の二つの鏡は、三種の神器の一つ・八咫鏡の姉妹鏡とされる。八咫鏡は、アマテラスが弟のスサノオの乱行に恐れをなして天岩戸に隠れてしまった際に、儀式に用いられた神鏡と伝えられる。『日本書紀』の一書には、天岩戸を開くために、「日矛」と「神象《みかた》（神を象ったもの）」がつくられ、これらが日前神社の御神体とされたとある。神象とは八咫鏡を指す。9世紀初頭の『古語拾遺』では、鏡は二度鋳造され、あとにつくられた方が八咫鏡となったとある。

記紀では、天孫ニニギが降臨する際にアマテラスから三種の神器が授けられるが、社伝によると、御神体の2面の鏡は、三種の神器とともに地上世界にもたらされたという。そして、初代神武天皇が東征した際に、紀伊国造家（地方の有力豪族）の祖・アメノミチネに授けられて祀られたとされる。

令和4年（2022）には、和歌山県和歌山市の岩橋千塚古墳群から出土した6世紀の刀身の鉄片に銀象嵌《ぞうがん》の文様が見つかった。銀象嵌は当時の最先端技術であり、ヤマト王権が紀氏を重要視していたことがわかる。

和歌山県和歌山市秋月365

「木の国」を生み出した神を祀る

伊太祁曽神社

いたきそじんじゃ

木材と建築技術を支えた熊野地方

祭神のイソタケルは、スサノオの子と伝えられる木の神である。スサノオは天上世界で乱行を行ったために地上世界へ追放されることになった。記紀では、出雲の地に降臨したと伝えられるが、『日本書紀』の一書には新羅《しらぎ》を経て出雲に渡ったとある。これに随伴したイソタケルは天上世界の樹木の種を持っていたが、新羅の地には植えずに日本の大地に植えたので、日本の国土は青々と繁った山々を持つようになった。植林を終えたイソタケルと妹神が鎮まったのが伊太祁曽神社と伝えられる。

また別の一書では韓郷《からくに》から紀伊国（和歌山県）を経て、出雲にある熊成峯《くまなりのたけ》に降臨したと伝えられる。「韓郷には金銀があるが、私の子孫が治めるこの国に浮宝《うきだから》（船）がないのはよくない」といい、体毛を抜いて樹木を生んだ。スサノオはこの樹木を材料に船や宮殿、棺などを作るように伝えた。

『古語拾遺』では、タオキホオイとヒコサシリという神々が天岩戸隠れの際に、測量器である天御《あまのみ》量《はかり》をつくり、木を伐り出して、宮殿を築いたと伝えられる。これが日本における建築のはじまりとされる。タオキホオイはその後、讃岐忌部《いんべ》氏、ヒコサシリは紀伊忌部氏の祖神となっている。熊野が古くから木材の供給地であり、かつ木造建築の職人集団がいたことがうかがえる。

和歌山県和歌山市伊太祈曽558

❶拝殿／現在の地に鎮まる以前には、日前神宮・國懸神宮の地にあったと伝えられる。境内には樹木の神にふさわしく多くの木々がある。❷厄難除け木の俣くぐり／出雲のオオクニヌシが命を狙われた際に木の国に逃れ、イソタケルによって木の股をくぐって逃れた神話に由来する。❸伊太祁曽神社1号墳（ときわ山）／直径約16メートルの円墳でこのほかに2つの古墳がある。石室の形状から紀氏の墳墓と考えられている。

天岩戸神話と地上世界をつなぐ聖地

戸隠神社

とがくしじんじゃ

古代から信仰された霊山

古くから霊山として信仰される戸隠神社は五社で構成され、天岩戸神話で活躍した神々を祀っている。スサノオの乱行によってアマテラスが天岩戸に隠れると神々はこの天岩戸を開くために儀式を行った。この天岩戸開きの神事を発案した知恵の神・オモイカネは中社に、その子のアメノウワハルは宝光社に、天岩戸前で踊り（神楽舞の起源）を行ったアメノウズメは火之御子社に祀られている。

戸隠神社の起源となったのが奥社で、力の神・アメノタヂカラオが祀られる。記紀では、アマテラスが天岩戸を少し開くとアメノタヂカラオが一気に天岩戸を開けて、その手を取り引き出したという。社伝ではさらに、アマテラスが二度と隠れないようにアメノタヂカラオが天岩戸を投げ飛ばしたとされる。その飛来地が戸隠山とされる。また奥社の近くにある九頭竜社には、この地の土地神と伝えられる九頭龍神が祀られる。

立春と立冬の日には、奥社への参道の入り口にある鳥居と随神門の延長線上から朝日が上るようになっており、太陽信仰を強く意識していることがうかがえる。こうした信仰が太陽の神とされるアマテラスの神威の復活を象徴する天岩戸神話と結び付けられたとも考えられる。

日本には古くから山を神聖視する山岳信仰があり、やがて神道・

❶随神門／随神門から奥社まで約500メートルにわたって200本以上のスギ並木が続く。❷奥社／天岩戸を開いたアメノタヂカラオを祀り、戸隠神社の起源となった神社ともいわれる。❸中社／寛治元年（1087）、『戸隠山顕光寺流記』によると、当時の戸隠神社（顕光寺）には奥社と宝光社があったが、「三院であるべき」というお告げを受けて、両社の中間地点に中社が創建されたという。❹九頭龍社／奥社の近くに鎮座し、戸隠神社に伝わるもう一つの岩戸神話を持つ九重龍を祀る。

仏教などが加わり修験道《しゅげんどう》が醸成されていく。戸隠山でも平安時代以降、修験道が盛んになったと考えられる。戸隠神社にはさまざまな伝承があったことから、長禄2年（1458）に僧侶の有通によって、『戸隠山顕光寺流記』がまとめられた。そこには、天岩戸神話の伝承とともに、嘉祥2年（849）頃の話として、学門《がくもん》という行者《ぎょうじゃ》が法華経によって九つの頭と尾を持つ龍をこの地で岩戸に閉じこめたという言い伝えがあり、この二つの岩戸神話が戸隠山にあったことになる。この九頭龍は天岩戸を守護する地主神として位置付けられ、二つの神話が統合されたと考えられる。

『日本書紀』には40代天武《てんむ》天皇の時代の684年に三野《みの》王を信濃国（長野県）に派遣して地図を作成させて、翌年に仮の宮を造らせたとあり、記紀編纂時には重要な地として認識されていた。

天武天皇の皇后である41代持統《じとう》天皇は691年に信濃国に使者を派遣して、須波、水内などの神を祀らせた。この水内の神が戸隠神社とする説もある。鎌倉時代には、高野山、比叡山と並ぶ山岳信仰の霊場となり、「戸隠三千坊」と呼ばれ、その後も徳川家康から一千石の社領が寄進されるなど信仰された。

長野県長野市戸隠3506（中社）

巨大な海蝕岸壁が御神体

神内神社

こうのうちじんじゃ

岸壁を御神体とする原始の信仰形態を残す。境内には、イザナギ・イザナミが一女三男を生んだといわれる地と伝えられることから、神皇地《こうのち》と称され、やがて神内村と呼ばれるようになったという。御神体の岸壁は、花の窟と同じく熊野酸性火成岩である。

三重県南牟婁郡紀宝町神内字近石958

火の神出産の地

産田神社

うぶたじんじゃ

花の窟から2キロほど離れた場所にあり、イザナミが火の神を出産して亡くなった地と伝えられる。本殿両脇には、原始の信仰の姿である神籬《ひもろぎ》と呼ばれる石で囲んだ祀り場（祭祀台）が残っている。古代には社殿がなく、神籬で祭祀が行われた。

三重県熊野市有馬町1814

日本と朝鮮半島を結ぶ壱岐の神

月讀神社

つきよみじんじゃ

イザナギによって生まれた三貴子の1柱であるツクヨミを祀る。ツクヨミは記紀の記述が少ない謎の神だが、潮の干満を司ることから、海上交通の要衝である壱岐で信仰されるようになったと考えられる。京都の松尾大社の摂社・月読神社の勧請元でもある。

長崎県壱岐市芦辺町国分東触464

神々がつくった最初の大地

自凝島神社

おのころじまじんじゃ

イザナギとイザナミが天沼矛を使って生み出した最初の島の伝承地の一つ。淡路島は氷河期には海水面が下がり湖の底にあったため、良質な粘土が産出されることが淤能碁呂島の伝承地となったと考えられる。境内地は小高い丘になっている。

兵庫県南あわじ市榎列下幡多415

出雲に残るイザナミの陵墓

比婆山久米神社

ひばやまくめじんじゃ

『古事記』では、イザナミの埋葬地を島根県と鳥取県境の比婆山と伝える。比婆山は『古事記』に記された最初の山でもある。比婆山の山頂にはイザナミの神陵とされる祠があり、比婆山久米神社の奥宮となっている。

島根県安来市伯太町横屋

天岩戸と伝えられる洞窟が残る

天岩戸神社

あまのいわとじんじゃ

天孫ニニギの降臨地と伝わる高千穂にある天岩戸伝承地で、神話と実世界をつなぐ信仰地となっている。東本宮と西本宮があり、その間に岩戸川が流れる。西本宮の御神体となっている天岩戸から出たアマテラスは東本宮の地に宮を営んだと伝わる。

宮崎県西臼杵郡高千穂町岩戸1073-1

神々が集まった河原

天安河原宮

あまのやすかわらぐう

仰《ぎょう》慕《ぼ》ヶ窟《いわや》とも呼ばれ、アマテラスが天岩戸に隠れた際に、天上世界の神々が会議を行った地と伝えられる洞窟に鎮座している。奥行約30メートルの洞窟内には、オモイカネと八百万の神々を祀る社殿が建立されており、天岩戸神社の西本宮と東本宮を隔てる岩戸川の上流にある。

宮崎県西臼杵郡高千穂町岩戸

第2章 出雲と日向三代の時代

『古事記』に記された神話のうち4割近くが出雲系神話で占められており、ヤマト王権誕生以前の先進地域だったことがさまざまな遺物からわかっている。一方、出雲の国譲り後に天下った天皇家の祖先は、九州南東部の日向の地で三代にわたって宮を営んだ。ヤマト王権誕生以前のプレ・ヤマト王権時代の神話を伝える神社を紹介しよう。

『天孫降臨』狩野探道 画　神宮徴古館 所蔵

❶拝殿／スサノオがクシナダヒメとともにこの地を訪れ、「吾が御心清々し」といったことから「須賀」の地名となったといわれる。❷本殿／9本の掘立柱の上に、切妻造・妻入の建物が乗る大社造と呼ばれる、出雲地方独特の建築様式となっている。❸夫婦岩／標高約426メートルの八雲山の中腹にある磐座で、奥社と本社の二宮詣が行われている。

英雄神となった地上世界のスサノオ

須我神社

すがじんじゃ

出雲の治水を進めた出雲族の祖

祭神はスサノオとその后・クシナダヒメ、その子の3柱である。天上世界での乱行によって追放されたスサノオだが、地上世界では英雄神としての性格を見せる。

スサノオは出雲の船通山《せんつう》に降臨し、この地を荒らすヤマタノオロチを退治し、生贄となるはずだったクシナダヒメを妻に迎えた。スサノオが最初に宮を営んだのが須賀宮であり、これが須我神社の起源といわれる。

ヤマタノオロチ退治は斐伊川《ひい》の氾濫と治水を神話に置き換えたものともいわれる。退治したヤマタノオロチの体内には神剣が入っていたが（のちの三種の神器の一つ・草薙剣《くさなぎのつるぎ》）、斐伊川では7世紀頃から「たたら」と呼ばれる製鉄が盛んに行われるようになった。斐伊川は砂鉄が採れ、製鉄に必要な豊富な水を供給したことから治水との関連が読み取れる。

『日本書紀』の一書では、スサノオは新羅を経由して船通山に至ったとあり、朝鮮半島の先進技術や知識を持った古代出雲の人物像がうかがえる。

須我神社の北東約2キロのところには八雲山への登山口があり、400メートルほど登ると、奥宮である夫婦岩がある。スサノオとクシナダヒメ、その子どもの神霊が宿るとされるもので社殿はない。出雲ではこうした巨石は「石神さん」と呼ばれ、信仰されている。

島根県雲南市大東町須賀260

クシナダヒメが難を逃れた森

八重垣神社
やえがきじんじゃ

須賀宮の伝承地の一つであり、境内の森は、ヤマタノオロチの生贄となるはずだったクシナダヒメをスサノオが隠した佐久佐女《さくさめ》の森と伝えられる。そのため、かつては佐久佐神社と称した。奥の院とされる鏡池（写真）はその際、クシナダヒメが鏡の代わりに自らを映したといわれる。

島根県松江市佐草町227

ヤマタノオロチ終焉の地

八口神社
やぐちじんじゃ

『出雲国風土記』に「矢口社」、『延喜式』神名帳に「八口社」とある古社。ヤマタノオロチの八つの頭が切られた地から「八口」、あるいは酒に酔ったヤマタノオロチをスサノオが矢で射抜いたことから「矢口」の社名になったと伝わる。境内には、ヤマタノオロチに飲ませた八塩折《やしおり》の酒が入れられた八つの壺の一つとされる印瀬の壷神（写真）がある。

島根県雲南市加茂町神原98

スサノオが持っていた神剣を祀る

石上布都魂神社
いそのかみふつみたまじんじゃ

『日本書紀』の一書には、スサノオがヤマタノオロチを斬った剣は、蛇《おろち》之《の》麁正《あらまさ》と呼ばれる霊剣（別名、布都《ふつの》魂《みたま》）で「今、石上に在す」とある。この神剣を祀り創建されたのが石上布都魂神社という。この神剣はのちに奈良県天理市の石上神宮に遷されたことが両社の社伝に残っている。剣の祭祀は北部九州が発祥でやがて大和にもたらされたが、この中継地点に石上布都魂神社が位置する。

岡山県赤磐市石上1448

もう一つの国土創世神話

長浜神社
ながはまじんじゃ

『出雲国風土記』には記紀にはない国土創世神話が残されており、オミヅヌが新羅や高志《こし》（越国）、松江市周辺、出雲市周辺の土地を縄で引き、縫い合わせたと伝わる。長浜神社はこのオミヅヌを祀る神社で、境内には要石《かなめいし》が残る。オミヅヌは四つの土地を歩いて杭を打って歩きこれが要石とされる。要石は古代における土地占有の標と考えられる。

島根県出雲市西園町上長浜4258

出雲国造家の祖神降臨地

神魂神社
かもすじんじゃ

現在も出雲大社の祭祀を司る出雲国造家の祖であるアメノホヒがこの地に降臨して創建したと伝えられ、イザナミを祀る。出雲国造家は代替わりの際には、神魂神社で神火相続式（火継式）が執り行われる取り決めがなされ、神魂神社で火継式を行う。本殿は現存する最古の大社造である。

島根県松江市大庭町563

火の発祥の神社

熊野大社
くまのたいしゃ

出雲大社とともに出雲国一宮とされる。古代出雲では、出雲大社がある西岸地域と熊野大社がある意宇郡の二つの勢力があったことがわかっている。「日本火出初之社《ひのもとひでぞめのやしろ》」とも呼ばれ、火の発祥の神社としても知られる。境内の鑽《さん》火殿《かでん》で行われる鑽火祭では、出雲大社の宮司が「古伝新嘗祭」に使用する燧臼《ひきりうす》、燧《ひきり》杵《きね》を受け取るために訪れる。

島根県松江市八雲町熊野2451

古代の海上交易を担った
ランドマーク

出雲大社 ❶

いづもおおやしろ

スサノオの子孫とされるオオクニヌシ

出雲大社の祭神は地上世界を開拓したオオクニヌシであり、『古事記』では出雲に降臨したスサノオの六世の孫、『日本書紀』ではスサノオの息子となっている。

地上世界を開拓したオオクニヌシだったが、地上世界の統治に乗り出した天上世界の神々の要求に対して、国土を譲る。この「国譲り」の際にオオクニヌシが出した条件が、自身を祀る壮大な神殿を

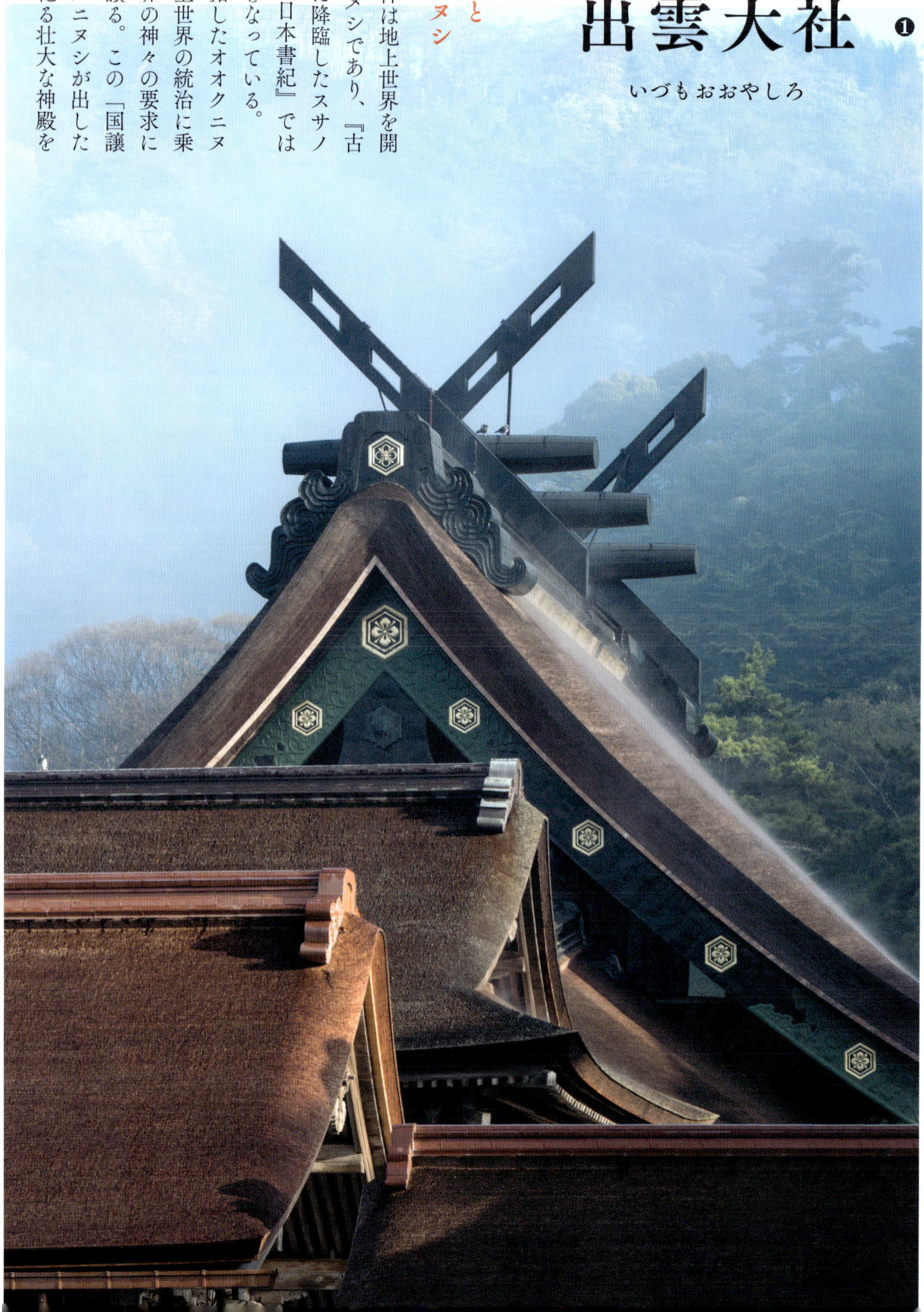

つくることだった。これが出雲大社のはじまりである。

10世紀後半に記された『口遊《くちずさみ》』には、出雲大社は日本一の高さを誇り、奈良の東大寺大仏殿（約45メートル）を超える、16丈（約48メートル）だったとされる。出雲国造家に伝わる『金輪御造営差図』（鎌倉〜室町時代）には巨大神殿を思わせる図面が描かれている。平成12年（2000）、この図面と一致する位置から、直径1メートル以上ある大木を3本束ねた巨大な柱と遺構が発見された。この巨大神殿は、海上交易におけるランドマークとする説がある。

記紀には、オオクニヌシが「大いなる国の主」となる経緯が記されている。越国（北陸地方あたり）のヌナガワヒメと結婚することになったオオクニヌシに、八十神《やそがみ》と呼ばれる兄神たちは嫉妬し、オオクニヌシを襲った。オオクニヌシは木国（紀国）の先にある根《ね》の堅《かた》洲《す》国に逃れ、スサノオと出会いその娘・スセリヒメとともに太刀と

❷

❸

❶本殿／出雲大社の本殿の高さは約24メートルあり、現存する神社で最大だが、かつては現在の倍の約48メートルあったと伝わる。❷しめ縄／一般的なしめ縄は右から左に向けてより合わせるが、出雲地方のしめ縄は逆になっている。出雲は中央政権とは異なる独自の文化を形成していたことがわかる。❸境内から出土した巨大な宇豆柱（出雲大社 提供）／平成12年（2000）の工事中に出土した巨大な宇豆柱は、出雲国造家に伝わる図面の位置から出土した。❹稲吉角田遺跡出土土器絵画（米子市教育委員会 所蔵、島根県立古代出雲歴史博物館 提供）／弥生時代中期の土器で、巨大神殿を彷彿とさせる高層の建築物が刻まれている。

❹

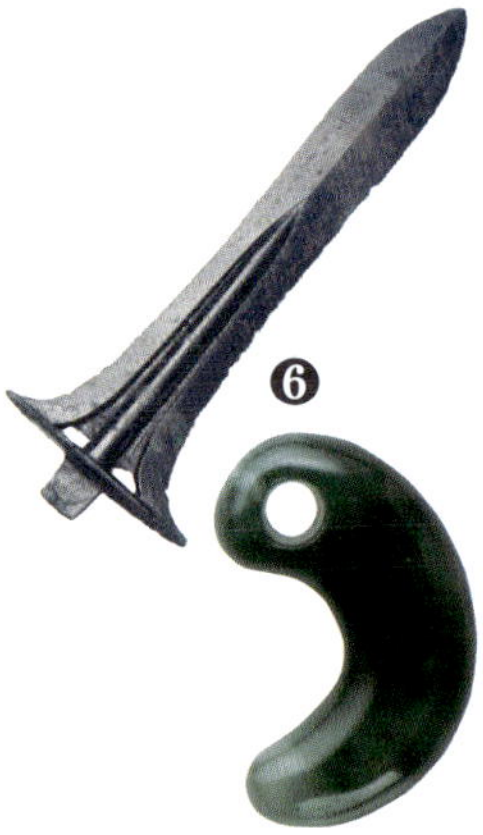

❺命主社／出雲大社の東側に隣接する摂社で、境内の真名井遺跡からは北部九州の銅戈と越国のヒスイの勾玉が出土した。❻銅戈・硬玉勾玉（出雲大社 所蔵）／真名井遺跡から出土したもので、紀元前2〜前1世紀のものと考えられている。❼神迎神事（島根県観光連盟 提供）／旧暦10月に行われる神迎神事では、海からやってくる全国の神々を稲佐の浜で迎える。

弓矢を持って駆け落ちする。スサノオは悔し紛れにオオナムチにオオクニヌシと名乗るようにつげ、オオクニヌシは太刀と弓矢によって八十神を討ち払い、地上世界の開拓をはじめた。

ところが八十神の迫害や根の堅洲国訪問は『日本書紀』や『出雲国風土記』にはない。『出雲国風土記』に登場するオミヅヌは記紀とは異なる国土創世神話が伝えるように、オオクニヌシは本来天上世界の神々の系譜とは別の古代出雲王とも呼べる存在だったはずである。そのため、スサノオの子孫という設定は、後世に付け加えられたものとする説がある。

出雲王国を支えた天然の良港

古代の出雲が発展した背景には、日本海の交易ルートのハブ港だった点である。当時の出雲地域は現在よりも内陸部に海が入り込んだ地形で、天然の良港である潟《せき》湖（ラグーン）を形成していた。ヌナガワヒメがいる越国では、当時の日本の主要輸出品であるヒスイを産出し、また『日本書紀』一書にはスサノオは新羅から出雲の地に船で渡ってきたとある。大陸からの鉄をはじめとする輸入と越国のヒスイの輸出を担ったのが、天然の良港を持つ出雲だった。

10月のことを神無月と呼ぶが、出雲では「神在月《かみありづき》」と呼ぶ。これは旧暦10月に出雲大社で全国の神々が集まり縁結びを行うためで、神々がやってくるのは陸路ではなく海上からで、出雲大社に近い稲佐の浜で神迎神事が行われる。海上交易を中心として栄えた古代出雲の姿が神事として残っているのである。

島根県出雲市大社町杵築東195

ヤマト王権の勢力下に入った出雲東部

美保神社

みほじんじゃ

美保神社の祭神は、オオクニヌシの后であるミホツヒメと、オオクニヌシの子・コトシロヌシ（母はカムヤタテヒメ）である。天津神の使者と対峙したオオクニヌシは、2人の息子が同意すれば国譲りに応じると伝えた。コトシロヌシはすぐに国譲りに同意し、「天逆手《あまのさかて》」という所作をして乗っていた船を傾けて隠れたという。江戸時代の『古事記』の解説書『古事記伝』では、天の逆手は呪いの方法とされ、古代における水葬の儀礼とも考えられる。

島根県松江市美保関町美保関608

海外からもたらされる恩恵

潮御崎神社

しおのみさきじんじゃ

オオクニヌシとともに国づくりを行ったのは、海上の彼方にある常世《とこよ》の国にやってきたスクナヒコナである。スクナヒコナは手に乗るほどの小さな体だったが、多くの知恵を持つ神であり、国づくりを終えると「熊野御崎」から帰ったと伝わる。

日本には海の彼方から恩恵がもたらされる「まれびと信仰」があり、対馬海流が流れる出雲と黒潮が流れる熊野はともに海外から人やモノが漂着する地だった。

和歌山県東牟婁郡串本町潮岬2878

古代出雲王国の勢力圏

倭文神社

しとりじんじゃ

オオクニタマの妻の一人であるシタテルヒメを祀る神社で、伯耆《ほうき》国一宮である。出雲から因幡《いなば》国、伯耆国、越国などの古代出雲王国の勢力圏では、出雲独特の四隅突出型墳丘墓が造営され、神話ではこれらの地域のヒメがオオクニヌシの妻となっている。

鳥取県東伯郡湯梨浜町大字宮内754

スクナヒコナのもう一つの伝承地

粟嶋神社

あわしまじんじゃ

スクナヒコナの旅立ちの地の伝承地で、江戸時代までは海上にある小島だった。『伯耆国風土記』逸文ではスクナヒコナが粟の穂に弾かれて常世の国へ帰ったことから、この地は粟島と名付けられたという。

鳥取県米子市彦名町1404

東信濃にあるタケミナカタの足跡地

生島足島神社

いくしまたるしまじんじゃ

天津神の使者に対して、オオクニヌシのもう一人の子・タケミナカタは抵抗し、諏訪の地へと逃れた。生島足島神社はその際にタケミナカタが立ち寄った地とされる。祭神の生島神と足島神はこの地の地主神と考えられる。生島足島神社の奥宮周辺には古墳時代後半の下之郷古墳群がある。

長野県上田市下之郷中池西701

天孫降臨地を境内に有する

霧島東神社

きりしまひがしじんじゃ

国譲り後に天孫ニニギが「筑紫《ちくし》の日向《ひむか》の高千穂の久士布流多気《くしふるたけ》」（『古事記』）に降臨するが、その伝承地の一つである高千穂峰の山頂（写真）は霧島東神社の飛地境内地となっており、由来不明の天の逆鉾《あまのさかほこ》が立てられている。

宮崎県西諸県郡高原町祓川

ヤマト王権の東国支配の拠点

鹿島神宮

かしまじんぐう

関東東部にあった巨大な入海

　祭神のタケミカヅチは、雷と剣を象徴する神であり、国譲りを迫る使者として、地上世界へ派遣された。タケミカヅチは、国譲り後に鹿島の地に鎮まったとされる。初代神武天皇が九州南東部から大和への東征に際して、熊野で苦戦する際に神剣・布都御魂《ふつのみたま》を授けたと伝わる。その後、10代崇神《すじん》天皇の時代に、カミキキカツに神託があり、鹿島に神宝が献じられたことがはじまりとされる。カミキキカツは鹿島の地に留まり、鹿島中臣氏の祖になった。中臣《なかとみ》（藤原）鎌足《かまたり》は鹿島出身という説がある。

　道路がほとんど整備されていない古代において、主要な移動手段は海上交通だった。記紀や『風土記』が編纂された8世紀には、利根川下流は霞ヶ浦と一体となり、香取海《かとりのうみ》と呼ばれる内海が広がっていた。鹿島神宮は鹿島台地上にあり、当時は入海の入り口に位置する半島の先にあった。そのため関東一帯に広がる内海と東北地方へとつながる外洋の出入り口にあたる海上交通の要衝となった。『常陸国風土記』には、タケミカヅチが陸と海に自由に船を往来させたとある。また『日本書紀』ではタケミカヅチとフツヌシが東国の山河の荒ぶる神々を平定したとあり、最後まで抵抗したのが星の神・カガセオだった。星は遠洋航海における目印となるものであり、鹿島神宮が海上交通の重要拠点だったことを物語っている。

茨城県鹿嶋市宮中 2306-1

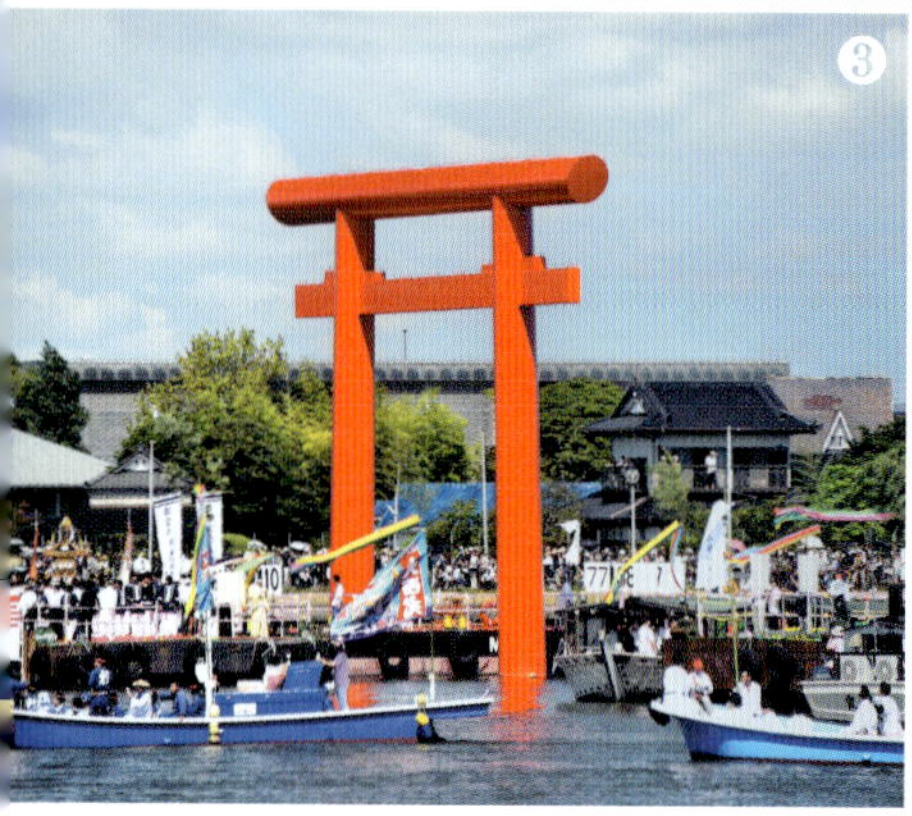

❶拝殿／江戸幕府2代将軍の徳川秀忠が、元和5年（1619）に奉納したもの。❷要石／地震を引き起こす地中の大鯰を抑える石と伝えられる。水戸藩の徳川光圀が掘らせたところ、7日7晩かかっても掘り出せなかったという。❸御船祭／12年に一度、丑年に行われる祭で『常陸国風土記』にも記述がある。神輿を乗せた大船団が香取の地へと赴き、海上でフツヌシの歓待を受けて戻る神事である。

❶拝殿／昭和11年（1936）の大修築によって造営されたもので、本殿と同じく元禄13年（1700）に造営された旧拝殿は現在は祈祷殿として用いられている。❷要石／地震を起こす大鯰を抑える石とされ、露出している石の頭頂部は、香取では凸形、鹿島では凹形となっている。❸津宮鳥居／香取神宮の一の鳥居で利根川沿いに建てられており、かつての船着場だった。

香取海に創建された古社

香取神宮

かとりじんぐう

鹿島神宮と対をなす大社

鹿島神宮と対をなす存在なのが香取神宮であり、祭神のフツヌシは『日本書紀』では国譲りの交渉を行った二神の1柱とされる。一方、『古事記』では、タケミカヅチと同行したのはフツヌシではなくアメノトリフネとなっている。

タケミカヅチとフツヌシは共通点が多く、境内には地下でつながっていると伝わる要石がある。さらに『先代旧事本紀《せんだいくじほんぎ》』では、神剣・布都御魂の異名として「布都主神《ふつぬしかみ》魂刀《たまのつるぎ》となっており、鹿島と香取の神を同一神とする見方もある。

また鹿島神宮と香取神宮は、かつてあった香取海を挟んで対岸に位置しており、『延喜式』神名帳では両社は伊勢神宮以外で神宮号を称していることから、伊勢神宮の内宮と外宮のように、鹿島と香取は二社一体の神社だったとする説もある。

香取神宮の北方の利根川沿いには一の鳥居である津宮鳥居が立っており、江戸時代までは人々が船で参拝に訪れた。フツヌシは『出雲国風土記』にも登場し、出雲国を巡幸した様子が記されている。出雲も香取もともに古代における海上交通の要衝の地であり、両者のつながりを示している。

鹿島と香取の地は、ヤマト王権に従わない東北の蝦夷征討のための輸送拠点であり、両社は武の神として、武道場の神棚の左右にお神札が祀られる。室町時代には香取の地で天真正伝《てんしんしょうでん》香取神道流、戦国時代には鹿島で鹿島新當《しんとう》流という剣術の流派が生まれている。

千葉県香取市香取1697-1

古代出雲の交易圏と重なる逃亡ルート

諏訪大社

すわたいしゃ

コトシロヌシとタケミナカタの二面性

祭神のタケミナカタは、オオクニヌシの子であり、国譲りを迫る天津神に抵抗した神である。タケミナカタは「猛々しさ」を意味するタケが入っていることから武神であることがわかる。出雲の神が遠い諏訪の地で祀られる経緯について、記紀では次のように記されている。

国譲りを迫る天津神の使者に対して、オオクニヌシは2人の息子の同意を得ることを求めた。兄のコトシロヌシはすぐに同意し船を傾けて隠れたのに対して、弟のタケミナカタは力比べに挑んだ。これに敗れて逃亡したタケミナカタを天津神の使者は執拗に迫った。タケミナカタは島根半島東部の美保から日本海沿岸を進み、能登半島の志雄《しお》（石川県宝達志水町）、越国を経て、諏訪に至った。そして国譲りに同意し、この地から出ないことを約束して、鎮まったのが諏訪大社の創建と伝えられる。

タケミナカタの逃亡ルート上には、出雲発祥の四隅突出型墳丘墓が造営された地であり、古代の出雲交易圏と重なる。また越国から諏訪の地へは、姫川あるいは信濃川を南下したと考えられるが、この地には南北移動を可能にする、フォッサマグナと呼ばれる大地の裂け目がある。

タケミナカタが南下したと伝わる姫川は、フォッサマグナの西側にある糸魚川－静岡構造線にあたり、山脈に遮られることなく南下が可能である。姫川はオオクニヌ

❶上社本宮／諏訪大社は諏訪盆地の南部に上社の本宮と前宮、北部に下社の春宮と秋宮がある。❷下社春宮／下社の春宮と秋宮には、タケミナカタと后のヤサカトメ、コトシロヌシが祀られている。❸立石公園から望む諏訪湖／映画『君の名は。』の1シーンのモデル地ともいわれる風景が広がる。かつての諏訪湖は現在よりも大きく、諏訪盆地一帯に広がっていた。❹御柱祭／平安時代にも記録がある古祭で、社殿の四隅に建てられる御柱が取り替えられる。

シと結婚したヌナガワヒメの出身地で出雲の主要交易品であるヒスイの産地だ。また新潟県糸魚川市では、タケミナカタの母はヌナガワヒメとする伝承がある。

諏訪大社に残る出雲文化の痕跡

諏訪大社は上社の本宮と前宮、下社の春宮と秋宮の4社で構成されているが、かつての諏訪湖は今よりも大きく、諏訪盆地全体に広がっていた。諏訪地域には縄文時代の先進地域があり、国宝に指定されている「縄文のビーナス」などの土偶が出土している。上社と下社は古代の諏訪湖の対岸に位置し、水上交通に長けた出雲族の面影がうかがえる。

諏訪大社の主要社殿の四隅には御柱《おんばしら》と呼ばれる巨大な柱が建てられている。弥生時代に造営された出雲独特の四隅突出型墳丘墓では、遺体を納める木棺を囲むように4本の柱跡が見つかっている。また木棺の直上には御神体を思わせる、貴重な朱色で塗られた丸石が置かれた。中央に祀られる神（祖先）と4本の柱の構成は、諏訪大社と共通する。また出雲大社では、本殿を支える9本の柱を田の字に配置し、心御柱《しんのみはしら》と呼ばれる中央の柱を取り囲むように柱が正方形に配置されている。

上社前宮：長野県茅野市宮川2030
上社本宮：長野県諏訪市中洲宮山1
下社春宮：長野県諏訪郡下諏訪町193
下社秋宮：長野県諏訪郡下諏訪町5828

❶社殿／現在の社殿は正徳5年（1715）に薩摩藩主の島津吉貴によって再建されたもので、本殿・幣殿・拝殿（一棟）、登廊下、勅使殿は国の重要文化財に指定されている。❷高千穂河原古宮址／最初の社殿は噴火によって焼失したため、天暦年間（947～957）に性空上人によってこの地に再建された。文暦元年（1234）に再び焼失したため、現在地に遷座された。❸霧島連山／高千穂峰は霧島連山の第二峰で、霧島神宮は高千穂峰の西方に社殿が造営されたことを起源にする。

天孫ニニギが降臨した伝承地

霧島神宮

きりしまじんぐう

天皇家のルーツとされる日向

祭神のニニギは、アマテラスの孫にあたり、地上世界の統治のために神々を引き連れて降臨したと伝えられる。『古事記』には、降臨地は、「筑紫の日向の高千穂の久士布流多気」とされ、宮崎県と鹿児島県の県境にある高千穂峰がその伝承地の一つになっている。霧島神宮はこの高千穂峰の麓に鎮座している。

霧島神宮の創建年代は明らかではないが、6世紀に、慶胤《けいいん》という僧侶が霧島山を開いたことにはじまるとされる。慶胤によって高千穂峰と火常峰の間の瀬多尾《せたお》に社殿が建立され、古宮跡と呼ばれている。その後、噴火による社殿の焼失によって二度遷座され、現在の境内地に至る。ニニギ以降、3代にわたって九州南東部を本拠地としたため、日向三代と呼ばれる。

ヤマト王権は、北部九州と瀬戸内海の吉備（岡山県）、大和（奈良県）の勢力を中心とした連合政権だった。一方、九州南東部はヤマト王権が誕生した3世紀後半には取り立てて発展していた地域ではなかった。

「日向」の地名は北部九州の筑紫国に隣接する大分県西部や熊本県北部にも残っている。そのため、九州南東部を出身とする一族が北部九州へ移動し、日向の地名をつけたとする説がある。また、宮崎県には3世紀から7世紀にかけて造営された390基もの古墳がある西都原《さいとばる》古墳群がある。

鹿児島県霧島市霧島田口2608-5

海上交通の力を得た天皇家の祖神

青島神社

あおしまじんじゃ

海でつながった九州南東部と東国

祭神は、ニニギの子である山幸彦とその后・トヨタマヒメ、潮流の神・シオツチを祀る。青島神社は、「海幸山幸神話」の舞台となった神社である。ニニギの子にはホデリ（海幸彦）、ホスセリ、ホオリ（山幸彦）がいた。ある日、山幸彦が海幸彦の釣り針をなくしてしまい、海幸彦は激怒した。山幸彦は海神の宮まで探しに行った。海神の娘・トヨタマヒメと結婚した山幸彦は地上世界へと戻り、海神の神宝を用いて、海幸彦を懲らしめたという。青島神社は山幸彦が帰還後に宮を営んだ地とされる。

日向灘にある青島は周囲約1・5キロの小島で、島全体が青島神社の境内地である。青島神社の元宮跡からは弥生式土器が出土するなど、古代から信仰の地だった。

山幸彦を海神の宮へと導いたのはシオツチで、鹽竈《しおがま》神社（宮城県塩竈市）の祭神である。九州南東部と鹿島・香取、鹽竈神社とは黒潮・親潮でつながる。

縄文時代の太平洋側にはこうした潮流を使って、九州南東部から東海地方まで黒曜石の交易圏が、東海地方から青森あたりまでヒスイの交易圏が形成されており、活発な交流が行われていた。海幸山幸神話は、天皇家の祖先が海上交易の力を得たことを象徴的に示すものであり、太平洋側の海上交通の要衝にシオツチの神話でつながっている。

宮崎県宮崎市青島2－13－1

❶鬼の洗濯板／周囲は隆起した海床が波によって侵食された奇岩となっており、鬼の洗濯板と呼ばれる。奇景のある地は古代から聖地とされることが多い。❷拝殿／青島の中央部に社殿があり、右手50メートルほど先にある元宮から弥生時代の遺物が出土した。❸青島／周囲約1.5キロの小島で、江戸時代までは庶民の入島が許されない聖域とされた。

特異な出生譚を持つ神武天皇の父

鵜戸神宮

うどじんぐう

トヨタマヒメが出産した洞窟

祭神のウガヤフキアエズは、山幸彦と海神の娘・トヨタマヒメの子である。記紀によると、山幸彦が地上世界へと戻ったのち、后のトヨタマヒメは自らが懐妊していることがわかり、地上へと向かった。山幸彦は急いで産屋《うぶや》を建てていたが、屋根を茅《かや》の代わりの鵜《う》の羽で葺《ふ》き終えないうちに出産を迎えた。そのため、皇子はウガヤフキアエズと名付けられたという。

鵜戸神宮は日向灘に面した断崖にある海蝕洞窟内に社殿が造営されている。この海蝕洞窟が、トヨタマヒメが出産した地と伝えられる。ところが、出産する際にトヨタマヒメは本来の姿である鮫の姿を山幸彦に見られ、これを恥じて海へと帰っていってしまったという。トヨタマヒメが海神の宮に帰る際に地上世界と海をつなぐ海坂をふさいだため、人間は海中に入れなくなった。これは神話の時代から人の時代への移行を象徴的に示していると考えられる。鵜戸神宮の前の日向灘には島もなく、一面に太平洋が広がり、奇岩奇礁の地形から古代から海洋信仰が盛んだったと考えられる。

トヨタマヒメとの離別はイザナギとイザナミの神話と重なる点が多い。死別した妻イザナミに会いに黄泉の国に行ったイザナギは、イザナミが自らの姿を見ないように伝えたにもかかわらず、見てしまう。激怒したイザナミはイザナギを追うが、黄泉比良坂を大岩で

❶下り宮／鵜戸神宮は断崖の海蝕洞窟にあるため、階段を下って参拝する「下り宮」となっている。❷断崖にある鵜戸神宮／青島神社と同じく日向灘に面した断崖に位置している。近くには鵜戸千畳敷奇岩など、奇景が多く見られる。❸社殿／海蝕洞窟内に社殿が建立されており、子と離別することになったトヨタマヒメが両乳を張りつけたとされるお乳岩がある。❹亀石／本殿前にある奇岩の一つでトヨタマヒメが地上世界へやってくる際に乗ったカメが石になったと伝えられる。

塞ぎ、両者は永遠に別れることになった。これは世界的に見られる「見るなのタブー」であり、異界との断絶の起源を示している。

不自然な記述が多い ウガヤフキアエズ

ウガヤフキアエズは、屋根が未完成のまま誕生しており、さらに誕生直後に母・トヨタマヒメと離別している。こうしたことから、ウガヤフキアエズは天皇となるには不完全な存在であることを象徴しているともいわれる。また『日本書紀』では、山幸彦の別名に「日子穂穂手見」、神武天皇の別名に「彦火火出見」があり、ともに「ヒコホホデミ」と読む。『日本書紀』は対外的に見せることを意識し、中国の歴史書を参考にしている。陰陽五行説に代表されるように中国では5を聖数としている。また日本神話では造化《ぞうか》三神や三貴子のように3柱の神が多い。そのため、神武天皇をアマテラスとタカミムスヒの五世の孫、かつ日向三代とするためにウガヤフキアエズを創作したという指摘もある。

ウガヤフキアエズはその後、乳母として海神の宮から派遣されたタマヨリヒメ（トヨタマヒメの妹）と結婚し、4人の子が誕生する。この末っ子が初代神武天皇となる。タマヨリヒメのタマは「魂」、ヨリは「依《よ》り憑《つ》く」を意味し、巫女を神格化した存在とされる。

宮崎県日南市大字宮浦3232

天孫ニニギの降臨伝承地

槵觸神社

くしふるじんじゃ

天孫ニニギが降臨した伝承地の一つで、宮崎県高千穂町にある槵觸の峰にある。古くは社殿がなく槵觸の峰を御神体としていたが、江戸時代に社殿が造営された。槵觸神社の近くには、初代神武天皇と兄弟が誕生した地と伝えられる四皇子峰《しおうじがみね》がある。

宮崎県西臼杵郡高千穂町三田井713

天津神と国津神が結婚した地

荒立神社

あらたてじんじゃ

天孫ニニギが降臨する際に、地上世界からサルタヒコという神がやってきて道案内をした。サルタヒコの応対をしたのが天岩戸神話で活躍したアメノウズメである。槵觸神社の近くにある荒立神社の社伝では、二神はその後、結婚をしてこの地に鎮まり、伐り出したばかりの荒木を利用して住居をつくったため、荒立神社と名付けられたと伝わる。

宮崎県西臼杵郡高千穂町大字三田井667

トヨタマヒメの墳墓が残る

和多都美神社

わたづみじんじゃ

大陸と北部九州を結ぶ要衝である対馬にある古社で、山幸彦とトヨタマヒメを祀る。参道は海上へ続き、内湾に鳥居が並んで建つ（写真）。神社の後背地には、トヨタマヒメの墳墓とされる磐座が残っている。神社は代々、海人族である安曇《あずみ》氏によって守られており、『古事記』では安曇氏は海神の子孫とされる。

長崎県対馬市豊玉町仁位字和宮55

九州南部に残る海神の娘の伝承地

豊玉姫神社

とよたまひめじんじゃ

山幸彦とトヨタマヒメ、タマヨリヒメ、海神（トヨタマヒコ）を祀る神社である。社伝では、川辺地域をトヨタマヒメが、知覧地域をタマヨリヒメが治めることになった。周辺にはトヨタマヒメが巡行した伝承が残り、豊玉姫神社の東方約3キロの地には、豊玉姫陵墓がある。

鹿児島県南九州市知覧町郡16510

山幸彦が営んだ高千穂宮の伝承地

鹿児島神宮

かごしまじんぐう

山幸彦が築いた高千穂宮があった地とされ、イワレヒコはこの宮から東征へと旅立ったと伝えられる。桜島を望む景勝地にあり、もともとは桜島を御神体として信仰する神社だったとも考えられる。鹿児島神宮の北西約13キロにある高《たか》屋《や》山には、山幸彦の陵墓と伝えられる高屋山上陵がある。

鹿児島県霧島市隼人町内2496-1

天孫降臨伝承地に残る山幸彦の宮跡

高千穂神社

たかちほじんじゃ

天孫降臨の伝承地である高千穂町の総鎮守で、山幸彦が営んだ高千穂宮の跡に創建されたと伝えられる。神武天皇の兄・ミケイリノが東征の途中で帰還し、この地を荒らす鬼八を退治して、日向三代を祀ったのがはじまりという。境内には、伊勢神宮と高千穂神社に設置されたとされる鎮石がある。

宮崎県西臼杵郡高千穂町大字三田井1037

第3章 日本建国の時代

ヤマト王権の誕生は3世紀後半と考えられるが、邪馬台国について記述した『魏志』倭人伝の記述は266年に倭国が使者を送ったことを最後に途絶えたため、その経緯は不明である。一方で、記紀においては九州南東部を出発したイワレヒコが東征を行い、大和の地で初代神武天皇として即位したとある。日本建国の謎に迫ってみよう。

『神武天皇御東征』野田九浦 画　神宮徴古館 所蔵

天皇家のルーツとなった地

宮崎神宮

みやざきじんぐう

謎に包まれた神武天皇の宮跡

　祭神のウガヤフキアエズは、山幸彦と海神の娘・トヨタマヒメの子である。記紀によると、アマテラスとタカミムスヒの五世孫でニニギのひ孫にあたるイワレヒコは、45歳の時に地上世界を治めるのに適した地が東方にあることをシオツチから知らされ、東征を決意する。そして、3人の兄と皇子たちを連れて、日向の美々津《みみつ》から出発した。日向の出発から初代天皇としての即位までは、『日本書紀』ではわずか1年だが、『古事記』では10年もの歳月が費やされている。

　イワレヒコが宮を営んだ伝承地に創建されたのが宮崎神宮で、「宮崎」の地名は神武天皇の宮があった崎（陸地の先端）に由来する。ヤマト王権の最初の王都は奈良県桜井市の纏向《まきむく》遺跡と考えられる。纏向周辺の出土品や古墳形式などから、初期ヤマト王権は北部九州と吉備、畿内の勢力が合わさったものであり、九州南東部の勢力が加わった明確な痕跡は見られない。

　宮崎神宮の社伝では、神武天皇の孫のタケイワタツ（阿蘇大神）がこの地を訪れて、神武天皇宮居跡に神武天皇を祀ったことにはじまるとされ、12代景行天皇が熊襲《くまそ》征討の際に再興されたという。

　宮崎神宮が歴史的に確認できるのは鎌倉時代のはじめで、日向国の有力豪族・土持信綱《つちもちのぶつな》が社殿を造営した記録がある。明治時代になると、宮崎神宮は神武創業の地と

❶社殿群／記紀をはじめ、『日向国風土記』にも神武天皇の宮の地として宮崎が登場する。❷生目古墳群（宮崎県宮崎市）／ヤマト王権が誕生した3世紀後半から5世紀にかけて造営された古墳群で、古墳時代前期における九州最大の古墳群である。❸拝殿／宮崎神宮の社殿は、近代日本を代表する建築家・伊藤忠太の設計で、明治40年（1907）に造営された。❹みそぎ池／イザナギが禊を行った伝承地で、『延喜式』神名帳に記載がある江田神社に隣接している。

して重要視されるようになり、威容を誇るようになった。

『延喜式』神名帳には、宮崎神宮の記載はなく、「日向国宮崎郡」にあるのは江田神社のみである。江田神社はイザナギが禊《みそぎ》を行った伝承があるみそぎ池の近くにある。一方で、平安時代末期には日向国に神武天皇の都があったという伝承が『平家物語』などに記されており、一般化していたようだ。神社の創建年代は不明だが、古くから宮崎が神武創業の地とされたのは間違いない。

東の王都と西のルーツ

神武東征が実際の史実なのかは疑問視されているが、邪馬台国九州説の中には、北部九州や吉備の勢力が新たに連合国家をつくるにあたって、既存勢力のいない大和に王都を置いたとする「邪馬台国東遷説」がある。この説をとれば、同様の理由で、あえて天皇家のルーツを北部九州や瀬戸内海沿岸地域とは異なる九州南東部に設定したとも考えられる。

神武東征の経路はヤマト王権に参画した地域と重なる。天皇家のルーツと王都を西と東に分けることで、ヤマト王権の主要勢力はその間に位置することになり、特定の勢力が有利とならないように配慮した神話構成になっているとも考えられる。

宮崎県宮崎市神宮2-4-1

ヤマト王権が目指した「朱」の独占

熊野那智大社

くまのなちたいしゃ

イワレヒコ一行の紀伊半島の迂回

紀伊半島には、神武東征の際の足跡地が数多くあり、神社が創建されている。熊野那智大社も神武天皇（イワレヒコ）の伝承が残る神社の一つだ。美々津から出発したイワレヒコ一行は、北部九州、吉備を経由して河内平野（大阪府）の白肩《しらかた》津《つ》に上陸した。古代の河内平野には河内湾と呼ばれる入海があり、上町《うえまち》台地の先端に難波《なにわ》津《つ》と呼ばれる港が置かれていた。

イワレヒコ一行は陸路で大和へ向かうが、生駒の地で、大和を支配するナガスネヒコの抵抗を受ける。この戦いでイワレヒコの兄・イツセが負傷し、「我々は日の神の子孫なのに、太陽に向かって戦うことは天の意思に逆らうことだ」といって命を落とした。そこで一行は、紀伊半島を回って熊野の地の丹《に》敷《しき》浦から上陸した。

熊野那智大社の社伝では、丹敷浦は那智湾のことで、上陸したイワレヒコが那智山に光り輝く大滝を発見した。イワレヒコは那智の大滝を「オオナムチの現れた御神体」として祀り、霊鳥・八咫烏《やたがらす》が現れて大和への道案内をしたと伝わる。これが熊野那智大社の創建の由来で、別宮・飛瀧《ひろう》神社は那智の大滝を御神体としている。

熊野で採れる豊富な鉱物資源

丹敷浦の丹は、辰砂とも呼ばれる硫化水銀のことで、この丹から

❶

❶飛瀧神社／社殿はなく那智の大滝を御神体として祀る。落差は約133メートルで日本三名瀑の一つに数えられる。❷那智の火祭り（扇祭）／那智の大滝の参道を巨大な松明行列が歩き清める。熊野地方には火にまつわる伝承や祭が多くある。❸那智湾から望む那智の大滝／紀伊半島を迂回したイワレヒコ一行は、那智山に輝く那智の大滝を発見し、上陸したと伝わる。那智周辺には鉱山が多くある。❹熊野那智大社／社伝によると16代仁徳天皇の時代に那智山中腹に遷座されたとされ、那智の大滝を正面に望むことができる。

は墳墓の石室の装飾などに用いられる朱がとれる。『魏志』倭人伝においても倭人は「朱丹《しゅたん》をもってその身体に塗る」とあり、古くから朱を精製していたことがわかる。熊野には丹《に》の名称がついた地名が多くあり、古代の人々がこの地に鉱物資源が多くあったことを認識していたことがうかがえる。

丹敷浦の伝承地には5つあるが、そのうちの一つの荒坂津《あらさかつ》に上陸した際にイワレヒコ一行は毒気にあたって気を失ったという（『日本書紀』）。これも鉱山地帯特有の有毒ガスとも読み取れる。

熊野那智大社には巨大な松明を用いる火祭である扇祭があり、また紀伊半島南東部には火の神・カグツチが生まれた産田神社があるなど、火にまつわる伝承が多い。

現在の紀伊半島には火山はないが、平成19年（2007）の調査で、約1500万年前に紀伊半島南東部に巨大なカルデラ火山があったことがわかった。豊富な鉱物資源はこの火山によるものである。『続日本紀』には、慶雲3年（706）に那智勝浦町の金山から銅石を上納したことが記されており、記紀編纂時には那智周辺で鉱山開発が行われていたことがうかがえる。ヤマト王権の最初期の古墳である桜井茶臼山古墳の石室には、200キロを超える大量の朱が用いられていた。この大量の朱の獲得と独占が、ヤマト王権が地方勢力を支配する基盤の一つになったとも考えられる。

和歌山県東牟婁郡那智勝浦町那智山1

原始の信仰を残す熊野権現の降臨地

神倉神社

かみくらじんじゃ

神武東征における重要地

神倉神社はアマテラスとタカクラジを祭神とする神社で、本殿はなく、ゴトビキ岩と呼ばれる巨岩が御神体だ。外縁は断崖絶壁で、山上へは急勾配の石段、538段を登らねばならない。

荒坂津から上陸したイワレヒコ一行のもとに、この土地の神が大熊の姿で現れた。イワレヒコ一行は、毒気で正気を失うが、この時、熊野に住むタカクラジに神託が下り、タケミカヅチから授けられた神剣をイワレヒコに献上すると、正気を取り戻したという。

神倉神社は神武天皇が東征の際に登った天磐盾《あまのいわたて》とされる。一方で、平安時代末に記された『長寛勘文』熊野権現垂迹《すいじゃく》縁起には、この地は熊野権現が降臨した最初の地とのみ紹介されていることから、神倉神社と天磐盾が結びついたのは鎌倉時代以降という説もある。

毎年、2月に行われる御燈《おとう》祭は、白装束に荒縄を締めた2000人もの男性（上り子）が、御神火を移した松明《たいまつ》をもって山頂から石段を一気に駆け降りる勇壮な火祭りである。

江戸時代に成立した『熊野年代記』には6世紀の30代敏達天皇の時代にはじまった祭であり、神武天皇をタカクラジが松明を用いて迎えた故事に由来する。神倉神社では原始の磐座信仰が残されていることから、那智の火祭と同様、鉱山に由来する火の伝承から生まれた祭だと考えられる。

和歌山県新宮市神倉1-13-8

❶神倉神社／御神体のゴトビキ岩は火山活動によってできた熊野酸性火成岩が風化によって球体になったもの。「ゴトビキ」はこの地方で「ヒキガエル」を意味する。❷御燈祭／溶岩が斜面を一気に流れ落ちるかのように、御神火が灯された松明を持った上り子が一気に斜面を下る。❸神倉神社の石段／神倉山の標高は約120メートルで、538段の急な石段が続く。

❷

❸

❶

❶御船祭／和歌山と三重県境を流れる熊野川の御船島に、御神体が渡御する神事。本州最南端にある紀伊半島では水運が発達し、祭事にも取り入れられている。❷社殿群／熊野十二社権現を祀り、第一殿～第四殿、神倉宮、中四社、下四社などの社殿が並ぶ。❸熊野速玉大神坐像（熊野速玉大社 所蔵、和歌山県立博物館 提供）／熊野速玉大社には合計7躯の神像があり、速玉、夫須美、家津美御子、クニノトコタチの神像が国宝に指定されている。

熊野信仰の起源となった神社

熊野速玉大社

くまのはやたまたいしゃ

日本第一大霊験所とされた新宮

熊野那智大社が那智の大滝から那智山の中腹に遷座されたのと同様に、熊野速玉大社も神倉山から現在地に遷座された。元宮にあたる神倉神社は熊野速玉大社の摂社となっている。『長寛勘文』熊野権現垂迹縁起によると、熊野の神々が神倉山のゴトビキ岩に降臨し、その後、12代景行天皇の時代に、現在地に社殿が造営され、「新宮」と号したとある。『延喜式』神名帳の牟婁《むろ》郡の項目には、「熊野早玉神社」が最初に記載され、最も高い社格である官幣大社となっている。46代孝謙天皇（8世紀）の時代には、「日本第一大霊験所」とされ、さらに『長寛勘文』熊野権現垂迹縁起には、天慶3年（940）に熊野早玉神に最高位である正一位を贈ったとある。これらから、熊野速玉大社が熊野信仰の起源と考えられる。

熊野速玉大社の祭神の熊野速玉大神はイザナギ、熊野夫須美《ふすみ》大神はイザナミのこととされる。熊野信仰はのちに熊野十二所権現と呼ばれる12柱の神々の信仰が体系化され、このうち三所権現として、イザナギ、イザナミ、スサノオ（家《け》津美御子《つみみこ》大神）を筆頭としている。神倉神社のゴトビキ岩と花の窟は紀伊半島南東部の沿岸に位置し、両者は対をなすものとされた。花の窟はイザナミの陵墓とされ、紀伊半島南東部がイザナギ・イザナミ信仰の中心地の一つだった。

和歌山県新宮市新宮1

❶本殿／熊野三山の奥宮とされ、かつては熊野本宮大社には玉置神社の遥拝所があった。❷玉石社／玉置山と本殿の間にある末社で、玉置神社の起源となった。御神体である玉石が地表に僅かに露出している。❸玉置山から望む雲海／標高約1076メートルの玉置山がある大峯奥駈道は、吉野山と熊野本宮大社までの約80キロの道のりがある。

熊野三山の奥宮とされる古社

玉置神社

たまきじんじゃ

玉石を御神体とする原始の信仰形態

社伝では、イワレヒコが熊野から大和へ至る道中に通った地とされる。10代崇神天皇の時代に王都の火除けと魔除けのために創建されたと伝えられ、クニノトコタチ、イザナギ、イザナミ、アマテラス、イワレヒコの5柱を祀る。

奈良時代以降、熊野では修験道が盛んになるが、玉置神社は、修験道の中心地である吉野と熊野を結ぶ大峯奥駈道《おおみねおくがけみち》にあり、霊場の一つである玉置山に鎮座している。大峯奥駈修行における宿泊施設として機能し、鎌倉時代の史料には「玉木宿」の記述が見られる。享保12年（1727）には別当寺院の高牟婁院が建立され、七坊十五ヶ寺を擁した。こうしたことから、熊野三山の奥の宮ともいわれる。

玉置神社と玉置山頂の中間にある末社・玉石社は、社殿がなく枕状溶岩の玉石（丸石）を御神体として礼拝する太古の信仰形態を残している。玉石社は玉置神社の起源となった神社とされ、この地に神宝を鎮めて祀ったと伝えられる。地表に露出している部分は小さいが、地下には巨石が埋まっているともいわれる。

イワレヒコが十種神宝《とくさのかんだから》を鎮めた、あるいは修験道の開祖・役《えんの》小角《おづぬ》や真言宗の開祖・空海が如意宝珠を埋めた、といった伝承があり、「玉」を「置」いたことが社名の由来とされる。玉置神社の元宮である玉石社を本殿に先んじて参拝する慣わしとなっている。

奈良県吉野郡十津川村玉置川1

神武天皇が祭祀を行った聖地

等彌神社

とみじんじゃ

ナガスネヒコに由来する二つの鳥見山

初代神武天皇が即位後、最初に祭祀を行った地と伝わる。熊野に迂回して大和へ入ったイワレヒコ一行は、再びナガスネヒコと対決する。ここで、金色の鵄《とび》がイワレヒコの弓の先に止まり、目が眩んだナガスネヒコ軍に勝利した。イワレヒコは、大和の畝傍山の麓に橿原に宮を造営し、初代神武天皇として即位したと伝わる。即位後、神武天皇は鳥見山《とみ》に登り、霊畤《まつりのにわ》を設け、大和平定と建国を皇祖神や天津神に奉告したという。

奈良県桜井市の鳥見山（標高約245メートル）と、桜井市と宇陀市の間の鳥見山（標高約735メートル）があり、前者に等彌神社、後者に鳥見神社がある。

イワレヒコは宇陀を経由して大和盆地に入ったことが記紀に記されており、鳥見神社は宇陀側、等彌神社は橿原側に位置する。『古事記』では、ナガスネヒコは「登《と》美能那賀須泥毘古《みのながすねひこ》」とあり、この「登美」は、イワレヒコのもとにやってきた「鵄」が「鳥見」に転じたものとも考えられている。ナガスネヒコと関連する地で、神武天皇は祭祀を行ったと考えられる。ちなみにイワレヒコとナガスネヒコが最初に戦ったと伝わる場所には「富雄《とみお》」の地名が残っている。

等彌神社には上社の上津尾《かみつお》社と下社の下津尾《しもつお》社からなり、元文元年（1736）には下津尾社の敷地内から鳥のような顔をした異形の土偶が発掘され、古代からの信仰地だったことがうかがえる。

奈良県桜井市桜井1176

❶上津尾社／上津尾社ではアマテラス、下津尾社では春日大神と八幡大神を祀る。
❷霊畤拝所／鳥見山の頂上にある霊畤の遥拝所で、山道の途中に設けられている。
❸金屋から見た鳥見山／奈良県桜井市にある鳥見山は、標高約245メートル。鳥見山麓遺跡からは縄文時代後期の遺物が出土している。

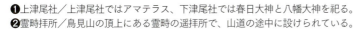

先史時代から人々が居住した地

阿蘇神社

あそじんじゃ

神武天皇の親戚12柱を祀る

阿蘇神社の祭神は初代神武天皇の孫で、阿蘇の地を開拓したタケイワタツと、その子、孫、妃、叔父など合わせて12柱の神々であり、阿蘇十二明神と総称する。3棟の神殿に第一宮から第十二宮がそれぞれ祀られている。第十二宮のカナコリはタケイワタツの叔父（神武天皇の3番目の皇子）で、2代綏靖《すいぜい》天皇を指すといわれる。

社伝によると神武天皇が東征を終えたのち、天孫が降臨した地である九州南部を治めるために孫のタケイワタツが派遣された。タケイワタツは阿蘇山に登って役所を設けて九州全体を統治したと伝えられる。

阿蘇山は九州のほぼ中央に位置し、天孫降臨の伝承地である宮崎県高千穂町に近い。『延喜式』神名帳には、阿蘇郡に健磐竜命《たけいわたつのみこと》神社と阿蘇比咩《ひめ》神社があり、いずれも現在の阿蘇神社を指す。このほかに国造神社がある。

巨大なカルデラを形成する阿蘇山は、外壁部分である外輪山一帯に約2万年前から人々が住みはじめたことがわかっている。弥生時代になるとカルデラ内での居住が確認され、50ヶ所以上の遺跡が発見されている。阿蘇市一の宮町中通にある中通古墳群には大型の前方後円墳2基を中心に、大型の円墳が多く造営されている。これらは、この地を治めた阿蘇氏の墳墓と考えられている。

❶楼門／寺院建築に見られる二層楼山門式で、日本三大楼門の一つに数えられる。熊本地震で倒壊したが令和5年（2023）に復旧した。
❷火振神事／毎年3月に行われる神事で、祭神の結婚を祝福するために巨大な松明が振り回される。
❸復旧した社殿群／熊本地震で被災した一の神殿・二の神殿・三の神殿・楼門・神幸門・還御門の6棟は江戸時代末に造営されたもの。
❹宇奈利／神々への供物を載せた膳を頭の上に掲げ、青田を巡る。宇奈利は14人で、阿蘇十二明神と火の神・水の神に供物が捧げられる。

古代から受け継がれる阿蘇山信仰

阿蘇山は古代から信仰され、噴火は国家的変事の予兆とされ、ヤマト王権からも重要視された。636年に編纂された中国の歴史書『隋書』にも阿蘇山の記述があり、「阿蘇山という山があり、突然噴火してはその火が天にも届くほどになる。人々は異変と考えて祈祷を行う」とある。『日本書紀』には、28代宣化天皇の時代の536年にこの地域で発生した飢饉に対して、阿蘇氏に食料を届けさせたとある。

この阿蘇山信仰は現在にも受け継がれている。毎年7月に行われる御田《おんだ》祭では、宇奈利《うなり》と呼ばれる白装束の女性が、神への供物を頭の上に載せて青田を巡る。この宇奈利の数は14人で、阿蘇十二明神に阿蘇山の火の神と水の神が加えられている。

平成28年（2016）に発生した熊本地震では、2度にわたって最大震度7を記録し、国の重要文化財に指定された6棟（一の神殿・二の神殿・三の神殿・楼門・神幸門・還御門）が被災し、特にシンボルである楼門は倒壊した。令和5年（2023）、これらの建造物の復旧が完了し、かつての威容を取り戻している。

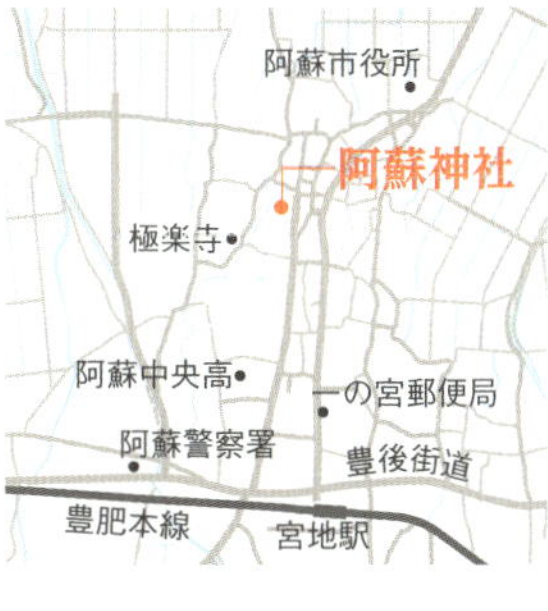

熊本県阿蘇市一の宮町宮地3083-1

ヤマト王権を支えた北関東の勢力

榛名神社

はるなじんじゃ

原始の信仰を残す上毛三山の一つ

赤城山・妙義山とともに上毛三山のひとつである榛名山の神を祀る榛名神社は、社伝によれば、2代綏靖天皇の時代に創建され、31代用明天皇の時代の6世紀後半に社殿が造営された。文献上の初出は、『延喜式』神名帳で上野国の12社の1社として記載されている。祭神は火の神・カグツチと土の神・ハニヤスヒメである。弥生時代から江戸時代までに、榛名山は2回、近くの浅間山は3回噴火をしており、ここから火の神と土の神の信仰が生まれたと考えられる。

榛名神社には、巨石を御神体とする原始の磐座信仰が残り、本社の背部にある御姿《みすがた》岩の岩内に御神体が祀られている。

榛名山の山麓、高崎市の周辺は、古代東国で強大な勢力を誇った豪族・上毛野《かみつけの》氏の中心地だった。市内の保渡田《ほどた》古墳群には、その繁栄を物語るかのように二子山古墳を筆頭に墳径100メートル超の巨大前方後円墳が3基も並ぶ。

朝鮮半島系の特徴をもつ古墳からは金銅製飾履《かざりくつ》が出土するなど、古代上毛野国が海外との交流も持つ先進地帯であったことも裏付けられている。5世紀になると、日本で馬の生産がはじまるが、これを担ったのが上毛野氏だった。現在の「群馬」の県名は馬の生産を行ったことに由来し、上毛野氏はヤマト王権の軍事力を支えた東国の有力豪族だった。

群馬県高崎市榛名山町849

❶
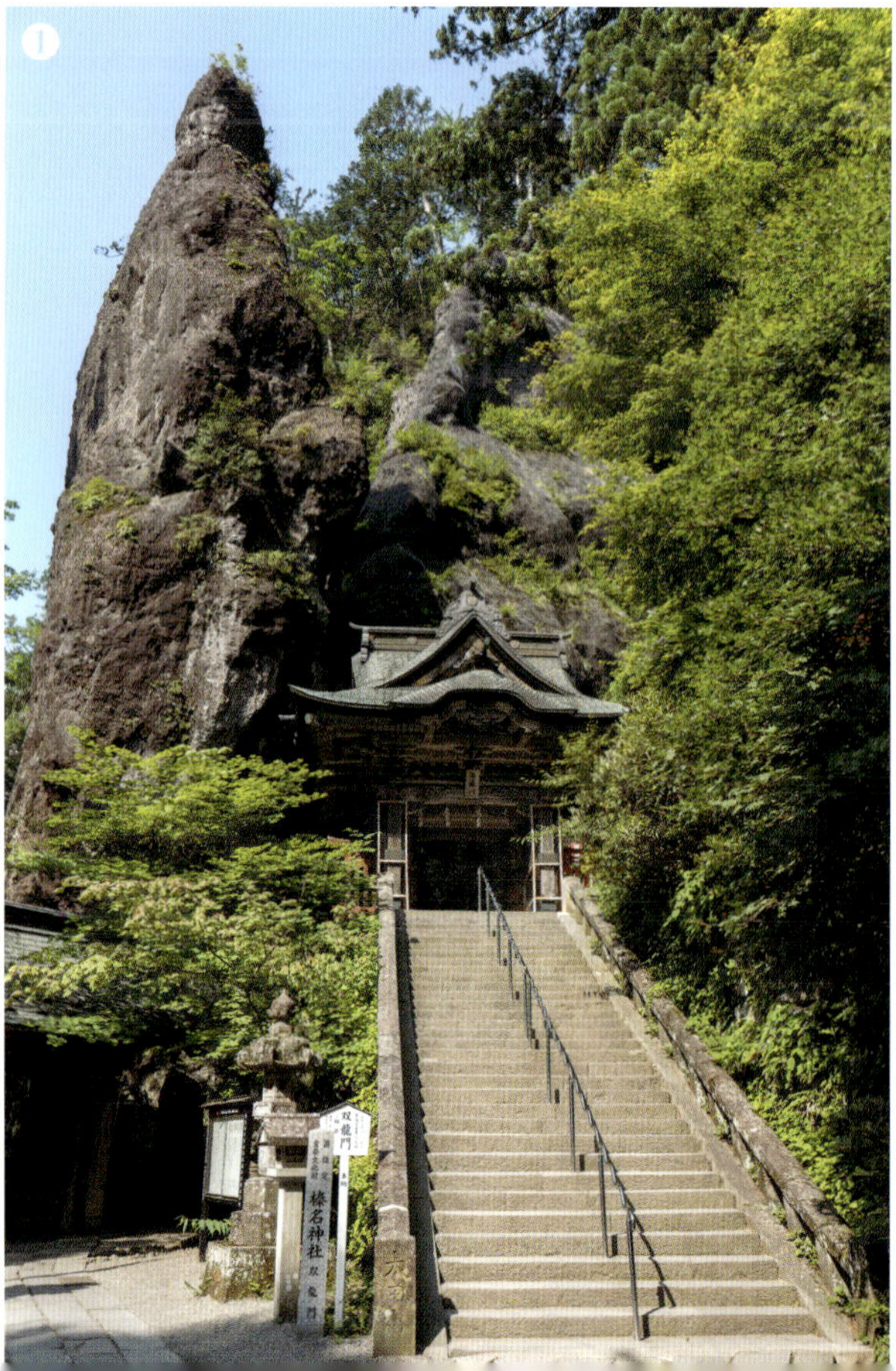

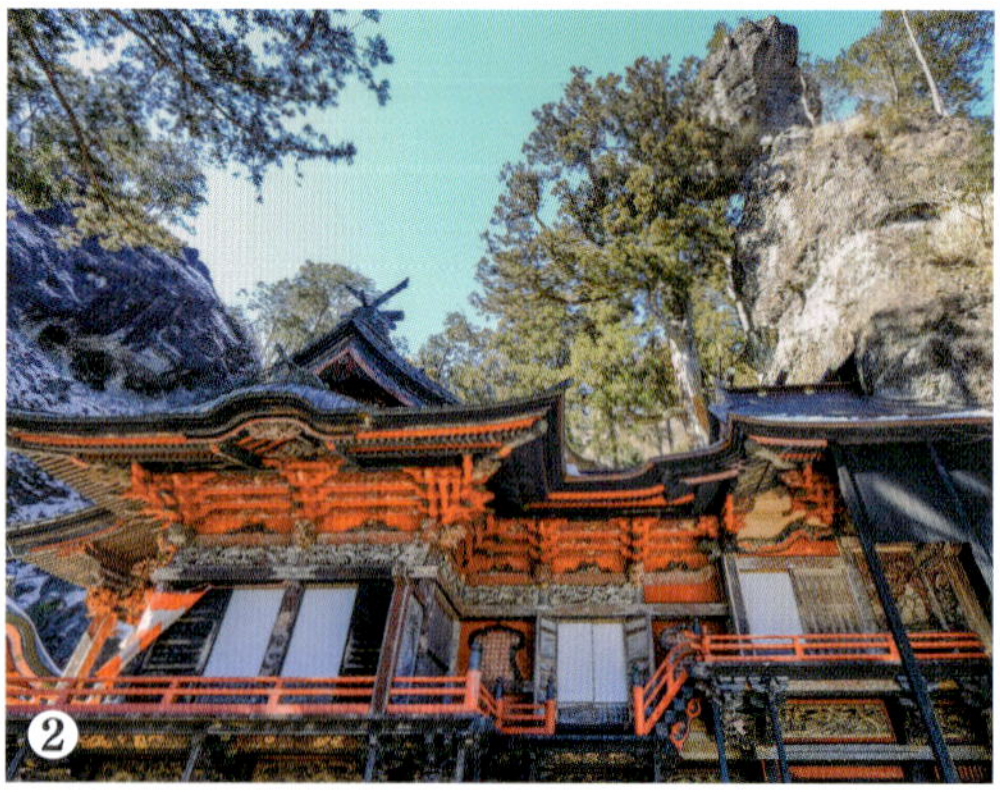
❷

❸

❶双龍門／ローソク岩と呼ばれる巨大な奇岩の前にある門で、江戸時代末に造営されたもの。
❷御姿岩／拝殿・幣殿・本社の建造物の背後に、御姿岩が接続しており、巨岩の洞窟内に御神体が祀られる。建造物と巨岩が接続する形態は全国的に珍しい。
❸埴輪武装男子立像（東京国立博物館 所蔵）／上毛野氏の勢力地である群馬県太田市から出土した人物埴輪で、「挂甲の武人」として知られる。この土地の有力者の姿と考えられている。

もう1人の天孫の由来地

磐船神社
いわふねじんじゃ

記紀では、ナガスネヒコがイワレヒコに抵抗した理由として、ニニギの前に降臨したもう1人の天孫ニギハヤヒに従ったからとされる。ニギハヤヒは天磐船《あまのいわふね》に乗って72もの神々とともに地上世界へやってきたという。この天磐船と伝わるのが、磐船神社の御神体の巨石である。磐船神社が鎮座する大阪府交野市はかつてあった河内湾と奈良盆地を結ぶ要衝に位置している。

大阪府交野市私市9-19-1

越後平野を開拓した神

彌彦神社
やひこじんじゃ

『延喜式』神名帳には「伊夜比古《いやひこ》神社」の名で登場し、越後平野のほぼ中央にある標高約634メートルの弥彦山を御神体としている。『先代《せんだい》旧事本紀《くじほんぎ》』では、祭神のアメノカグヤマは、ニギハヤヒに同行して降臨した神とされ、イワレヒコに神剣を届けたタカクラジと同一としている。弥彦山の山頂には奥宮があり、アメノカグヤマの神廟と伝えられる。越後平野を開拓した豪族の祖神と考えられる。

新潟県西蒲原郡弥彦村弥彦2887-2

幼少期の神武天皇が過ごした地

狭野神社
さのじんじゃ

霧島連峰の麓に鎮座しており、初代神武天皇が誕生した地に創建されたと伝えられる。狭野神社の西約1キロにある末社・皇子原《おうじばる》神社には、産場石と呼ばれる神石がある。神武天皇の幼名・サノミコトは狭野の地名に由来するという。神武天皇は15歳までこの地で過ごしたと伝えられ、境内には、神武天皇が腰掛けた御腰掛石、幼少期に遊んだ皇子滝や皇子港、誕生の際に体を洗った祓原などの霊跡が多くある。

宮崎県西諸県郡高原町大字蒲牟田117

古代日向の中心地に鎮座

都萬神社
つまじんじゃ

天孫ニニギとその后・コノハナノサクヤヒメを祀る神社で、社伝では両神が結婚した地と伝えられる。この地域は『魏志』倭人伝で、邪馬台国に次ぐ大国・投馬《つま》国の比定地とされるほか、近くには九州最大の西都原古墳群がある。またヤマト王権の直轄地である屯倉《みくら》の推定地や日向国府跡もあることから、古代の日向国の中心地だったと考えられる。

宮崎県西都市大字妻1

神武東征における中継地

岡田神社
おかだじんじゃ

イワレヒコ一行は、国東《くにさき》半島から北部九州、瀬戸内海を経て畿内に至るが、岡田神社はその中継地となった岡田宮の伝承地の一つである。岡田神社がある地は関門海峡に近い海上交通の要衝にある。『古事記』ではイワレヒコ一行はこの地に1年間留まり、八神を祀ったという。また『日本書紀』では、14代仲哀天皇の后・神功皇后が八所神を岡田宮で祀ったとある。

福岡県北九州市八幡西区岡田町1-1

ニギハヤヒとウマシマジを祀る

石切劔箭神社
いしきりつるぎやじんじゃ

もう1人の天孫ニギハヤヒを祀る神社で、その子・ウマシマジによって創建されたと伝わる。イワレヒコ一行がナガスネヒコと戦った地に鎮座している。6世紀のヤマト王権で権勢を誇った物部氏は、ウマシマジの後裔である。祭祀を司る穂積《はづみ》氏は、物部氏の一統である。

大阪府東大阪市東石切町1-1-1

神武東征で命を落としたイツセを祀る

竈山神社
かまやまじんじゃ

ナガスネヒコとの戦いで矢傷を負ったイワレヒコの兄・イツセは、男《お》之水門《のみなと》（和歌山県和歌山市和田）で亡くなった。竈山神社の本殿の背後にはその陵墓と伝わる竈山墓がある。

和歌山県和歌山市和田438

和歌山市内には、日前神宮・國懸神宮と伊太祁曽神社があり、和歌山県の中でヤマト王権と強いつながりがある地だったことがわかる。

神武天皇の白檮原宮伝承地

橿原神宮
かしはらじんぐう

初代神武天皇は、東征後に「畝火《うねび》の白檮原《かしはら》宮」を営んだと伝わる。橿原神宮はその伝承地に明治23年（1890）に創建された。白檮原宮は山林を伐り開いて造営されたとあり、「カシハラ」の名の通り、古代にはカシの木が生い茂っていたことが発掘調査でわかっている。橿原市には、初代、2代、3代、4代、8代天皇の陵墓が集中している。

奈良県橿原市久米町934

3代の天皇に后を輩出

高鴨神社
たかかもじんじゃ

高鴨神社は全国の鴨（賀茂・加茂）神社の総本社でアヂシキタカヒコネ（カモノオオカミ）を祀る。高鴨神社の祭祀を司る鴨氏は八咫烏に化身して初代神武天皇の大和入りを助けたカモタケツヌミを始祖とする氏族と伝えられる。鴨氏からは初代神武天皇、2代綏靖天皇・3代安寧《あんねい》天皇の后を出したと伝えられる。

奈良県御所市鴨神1110

ヤマト王権に参画した鴨氏

葛木御歳神社
かつらぎみとしじんじゃ

奈良盆地に進出した鴨氏は、東持田に葛木御歳神社を、葛城川岸辺に鴨都波神社を創建した。かつては高鴨神社を上鴨社、葛木御歳神社を中鴨社、鴨都波《かもつば》神社を下鴨社と呼んでいた。祭神は御歳神で、「トシ」は稲やその実りを意味する古語のため、五穀豊穣の神とされる。宮中祭祀の祈年祭では御歳神の名が読み上げられる。

奈良県御所市東持田269

大神神社とゆかりが深い古社

鴨都波神社
かもつばじんじゃ

オオクニヌシの子・コトシロヌシを主祭神にしており、さらに大神神社の祭祀を行ったオオタタネコの孫・オオカモツミによって創建された。大神神社と鴨都波神社には、深いつながりがあり、大神神社の別宮とも称された。葛城川と柳田川の合流地点に鎮座しており、弥生時代中期の鴨都波遺跡からは、住居跡や土器、農具などが多く出土している。

奈良県御所市513

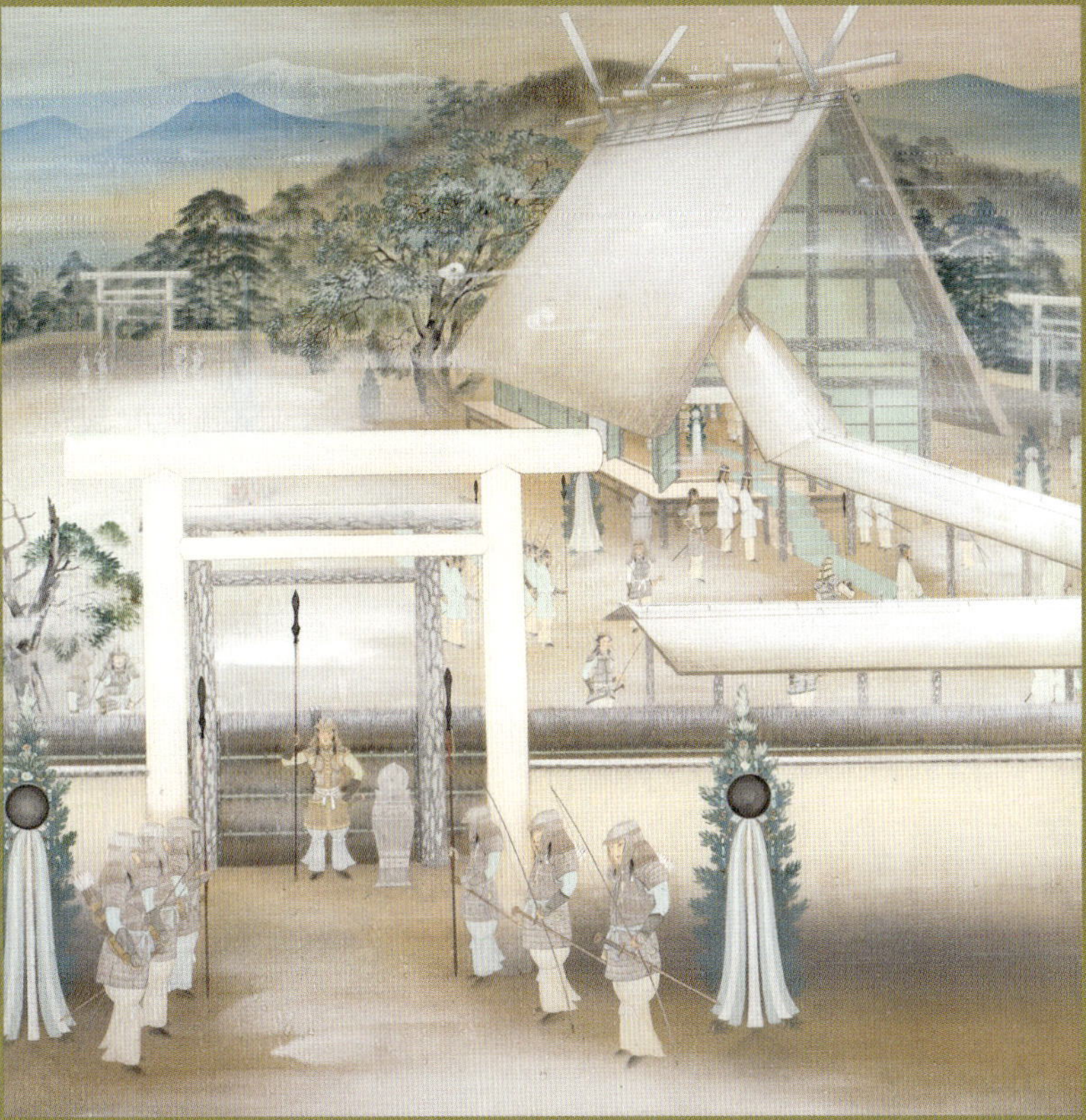

第4章 ヤマト王権の創成期

3世紀後半に誕生したヤマト王権は、各地の有力豪族の協力のもとで勢力を拡大した。記紀では、10代崇神天皇の四道将軍、12代景行天皇、その皇子のヤマトタケルなどによる各地への征討物語は、ヤマト王権の象徴である前方後円墳の分布領域の拡大と重なる。文献史料がない「空白の4世紀」を神社の伝承と考古学からひもといてみよう。

『神武天皇の御即位』野田曲江 画　神宮徴古館 所蔵

❶

ヤマト王権最初の王都を守護

大神神社

おおみわじんじゃ

ヤマト王権の初代大王と考えられる崇神天皇

『日本書紀』には、各天皇が崩御した年齢が記されており、これらの情報から初代神武天皇が即位したのは、紀元前660年となっている。しかし、これは考古学的には正しくなく、ヤマト王権が誕生したのは3世紀後半ということがわかっている。実在する最初の天皇は、現在では10代崇神天皇とする説が有力視されている。神武天

❶拝殿／大神神社には本殿がなく、拝殿の先には三ツ鳥居があり、御神体の三輪山を遥拝する形式になっている。❷巳の神杉／大神神社の祭神・オオモノヌシは蛇に化身したと伝えられることから、卵が供えられる。❸三輪山／記紀では10代崇神天皇の時代に三輪山にオオモノヌシが祀られ、大神神社が創建されたことが記されている。❹繞道（にょうどう）祭／新年の午前0時に拝殿で切り出された御神火を用いた神事で、摂社末社18社を巡り清める。

皇と崇神天皇はともに「ハックニシラス天皇」という別名があり、2～9代までの8代の天皇については記述が少なく、欠史八代と呼ばれる。そのため、崇神天皇以前の天皇については、何らかの歴史的な事績を投影した人物とも、創作されたものとも考えられている。

欠史八代に対して、崇神天皇については多くの事績が記録されている。ヤマト王権の最初の王とは、三輪《みわ》山の麓にある纏向遺跡と考えられているが、崇神天皇の記述にはこの三輪山関連のものが多い。崇神天皇7年に災害が多発した際には、7代孝霊《こうれい》天皇の皇女であるモモソヒメが神懸《かみが》かりし、オオモノヌシを三輪山に祀るように告げた。こうして創建されたのが大神神社とされる。三輪山の麓にある箸墓《はしはか》古墳は、このモモソヒメの墓とされ、3世紀中頃に造営された最初期の巨大前方後円墳である。箸墓古墳は卑弥呼の墓とする説もあり、3世紀の日本における重要地が三輪山周辺だった。

原始の信仰を維持した神社

三輪山は標高約467メートルの円錐形の山で、大神神社が創建されている。大神神社は本殿を持たず、山麓にある拝殿奥の三ツ鳥居を通して、御神体の三輪山を遥拝する。原始の信仰形態が残す、日本最古の神社の一つである。

三ツ鳥居は三つの明神鳥居をひとつに組み合わせた特殊な形状で、成立年や由来は明らかになっていない。『日本書紀』には、崇神天皇の時代に大神祭が盛大に行われたとあり、「神宮」「殿《との》戸《ど》」「神門」といった言葉が並ぶ。そのため、ヤマト王権の誕生期にすでに何らかの建築物があった可能性も否定できない。平安時代後期の歌学書『奥義抄《おうぎしょう》』には、「大神神社には、社殿がなく祭の日には、茅の輪を三つつくって岩の上に置いてそれを祀る」とある。ここから鎌倉時代以前には大神神社に社殿はなく、神が宿る磐座に茅の輪を三つ置いたものを祭祀場としたことがうかがえる。茅の輪とはイネ科の植物の茅でつくられる輪である。

現在も三輪山には多数の磐座が残っている。この磐座に設置された三つの茅の輪が三ツ鳥居に発展した可能性がある。

三輪山は禁足地であるため、過去に発掘調査は行われていないが、昭和30年代の三ツ鳥居の修繕の際に、子持《こもち》勾玉（勾玉の周囲に小さな勾玉を付けたもの）や土器片が発見されている。また狭井《さい》神社の北東にある山ノ神遺跡は禁足地ではないため、発掘調査が行われ、磐座の下から銅鏡や勾玉、盃、臼、杵などが発掘されている。

❺檜原神社／大神神社の摂社で、宮中にあった八咫鏡が一時的に祀られた「元伊勢」にあたる。❻三輪山登拝口／摂社・狭井神社の前にあり、お祓い後に山内に入ることが許される。山内では、飲食や写真撮影は禁止されている。❼夫婦岩／境内にある磐座の一つ。三輪山の山中には古代から祭祀が行われた磐座が多く残る。

奈良県桜井市三輪1422

宮中に祀られていた二神

大和神社
おおやまとじんじゃ

崇神天皇5年に疫病が発生した際に、アマテラス（八咫鏡）とヤマトオオクニタマを宮中に祀ることは畏れ多いとして、遷座された。アマテラスは笠縫邑《かさぬいむら》（大神神社摂社の檜原《ひばら》神社）に、ヤマトオオクニタマは大和神社に祀られることになった。ヤマトオオクニタマの遷座を行ったヌナキイリビメは髪が抜け落ち、身体がやせ衰えたと伝わり、アマテラスと並ぶ神威を発揮した。古代の大和神社は伊勢神宮に次ぐ社領を有した。

奈良県天理市新泉町306

ヤマト王権の有力豪族・多氏

多坐弥志理都比古神社（多神社）
おおにいますみしりつひこじんじゃ（おおじんじゃ）

一般的には多神社と呼ばれ、纏向遺跡の近くに鎮座している。2代綏靖天皇の時代に創建されたと伝わる。『日本書紀』によると、祭神の1柱である綏靖天皇の兄・カンヤイミミは、綏靖天皇に皇位を勧め、自らは天皇の補佐役となり、その子孫が多氏とされる。多氏はヤマト王権の有力豪族となり、阿蘇神社の宮司を務める阿蘇氏も多氏の末裔とされている。本殿の後方には「神武塚」があり、古代の祭祀遺跡もしくは古墳と考えられている。

奈良県磯城郡田原本町多570

王権の象徴である鏡がつくられた地

鏡作坐天照御魂神社（鏡作神社）
かがみつくりにますあまてるみたまじんじゃ（かがみつくりじんじゃ）

一般的には鏡作神社と呼ばれ、多神社と同じく纏向遺跡の近くに鎮座している。天岩戸隠れの際に、八咫鏡をつくったイシコリドメなどの三神が祀られている。古くから鏡づくりの地とされ、境内には鋳《い》鏡《きょう》を洗い清めたといわれる鏡池がある。社宝として三神二獣鏡（非公開）がある。八咫鏡が宮中の外に祀られることになった際に、その形代《かたしろ》（複製）をつくったのが鏡作神社の職人であり、試作の御鏡を御神体として祀ったと伝わる。

奈良県磯城郡田原本町八尾816

古代に行われた相撲の聖地

相撲神社
すもうじんじゃ

11代垂仁天皇の時代、大和国の当麻邑に当麻蹴速《たいまのけはや》という勇者がいたため、出雲国から野見宿禰《のみのすくね》を呼び出して、垂仁天皇前で角力（相撲）をさせた。これが日本初の相撲とされる。野見宿禰は当麻蹴速の腰を踏み砕いて勝利した。相撲神社は二神が相撲をとった地と伝えられ、野見宿禰は相撲の祖として信仰される。野見宿禰は当麻邑を拝領し、その子孫は土師《はじ》氏となってヤマト王権内で活躍した。

奈良県桜井市穴師

巨大古墳が多い堺市の地名発祥地

方違神社
ほうちがいじんじゃ

大阪府にあった摂津国、河内国、和泉国の三国の境に鎮座しており、堺市の地名の由来となっている。どの国にも属さないことから「方位のない清地」とされる。社伝では崇神天皇5年の疫病を鎮めるために、崇神天皇8年に物部《もののべ》氏によって創建されたという。14代仲哀天皇の后・神功皇后が忍熊《おしくま》王の叛乱の鎮圧のために祈願したとも伝わる。18代反正《はんぜい》天皇陵が隣接しており、日本最大の古墳・大《だい》仙《せん》古墳（16代仁徳天皇陵）も近い。

大阪府堺市堺区北三国ヶ丘町2-2-1

ヤマト王権の物部氏が管理した武器庫

石上神宮

いそのかみじんぐう

禁足地から出土した武具

ヤマト王権の王都があった三輪山の麓には、記紀に記された最古の官道「山《やま》の辺《べ》の道」がつくられた。正確な道筋は不明だが、最古の市場・海柘榴市《つばいち》（奈良県桜井市金屋）から三輪山、12代景行天皇陵、10代崇神天皇陵、そして石上神宮へのルートと考えられている。『日本書紀』に神宮号が記されているのは伊勢神宮と石上神宮だけであり、最古の神社の一つとして信仰されている。

石上神宮の祭神・フツノミタマは、初代神武天皇が東征の際に授かった霊剣・布都御魂の神霊とされる。神武天皇はその後、橿原神宮で即位し、宮中でこの霊剣を祀った。このとき奉祀を担当したのが物部氏の祖・ウマシマジとされる。

10代崇神天皇の時代、フツノミタマは石上布留高庭《ふるのたかにわ》へ遷座されたが、これが石上神宮の創建とされる。石上神宮にはもともと本殿がなく、禁足地である石上布留高庭を祀っていた。明治7年（1874）、当時の大宮司が政府の許可を得て禁足地を発掘したところ、約3メートルの石積みから鉄素《す》環《かん》頭《とう》大刀、ヒスイの勾玉、管玉《くだたま》、金銅製垂飾品などが出土し、記紀の記述が裏付けられた。

石上神宮は、ヤマト王権の軍事氏族である物部氏の氏神であり、多くの武具類の社宝がある。考古学的に貴重なのが七支刀《しちしとう》である。ヤマト王権の創成期にあたる4世紀の文献史料は残されていないが、

1

❶拝殿／宮中の神嘉殿だった建築物で国宝に指定されている。かつては本殿がなく、禁足地が信仰の対象だったが、大正時代に本殿が建立された。❷出雲建雄神社／石上神宮の摂社で、三種の神器の一つ・草薙剣の荒魂（神霊の荒々しい側面）を祀る。❸七支刀（石上神宮 所蔵）／百済から日本に贈られた神剣で、空白の四世紀の一端がわかる貴重な史料となっている。❹山の辺の道／『日本書紀』に記されている最古の官道で、初期ヤマト王権に関係する古墳や神社が沿道に多くある。

七支刀には369年に百済《くだら》で鋳造され、倭王に贈られたことが刻まれている。同様の記述として、『日本書紀』には神功皇后摂政52年に百済から「七枝刀《ななつさやのたち》」が献上されたことが記されている。

大陸からの先進技術を持った物部氏

物部氏は初期ヤマト王権を牽引した有力豪族で、鉄器や兵器の製造・管理を主に管掌していた。また、祭祀にも携わっていたとされる。物部の「モノ」は、武士や兵に由来するという説、精霊などの「魂」が由来という説がある。「部」は被支配集団という意味で使われていた和語の「トモ」を、漢語に当てたものといわれる。

石上神宮に近い布留遺跡は物部氏の拠点跡とされ、祭祀や軍事との関わりを示す史料が数多く出土している。布留川の北の遺構からは大量のガラス製品と玉類が検出されており、遺跡内に大規模な工房があったことがわかっている。また、刀剣の柄や鞘などの木製品に加え、鉄製品をつくった鍛冶工房や、鉄製品の製作過程で出た残滓も見つかっており、物部氏が優れた先進性と軍事的性格を有していたことがうかがえる。

奈良県天理市布留町384

ヤマト王権を支えた最大の地方勢力

吉備津神社

きびつじんじゃ

各地に派遣された4人の将軍

10代崇神天皇は、その名の通り、三輪山の祭祀をはじめとする多くの神社創建に関わった天皇だが、軍事的な側面も併せ持っていた。崇神天皇10年、各地の平定のために北陸道にオオヒコ、東海道にタケヌナカワ、西街道にキビツヒコ、丹波道にタニハノミチヌシの4人の将軍（四道将軍）を派遣した。

四道将軍の派遣先は、ヒスイが産出される越国がある北陸地方、草薙剣が祀られる熱田神宮がのちに創建される東海地方、古代からの先進地域である吉備、ヤマト王権の日本海側の交易港があったタニハ（丹後地方）となっており、いずれもヤマト王権の重要拠点となっている地域である。

吉備津神社は、7代孝霊天皇の皇子で、西海道に派遣されたキビツヒコを祀る。社伝によるとキビツヒコから5代目の子孫にあたるカヤナルミが祖神を祀ったのが起源とされる。または、キビツヒコとともに西海道の平定にあたったキビツヒコの異母弟・ワカタケヒコから3代目の子孫が創建したとも伝えられる。ワカタケヒコは吉備を統治する吉備氏の祖とされる。あるいは16代仁徳天皇が吉備氏の黒媛《くろひめ》を慕ってこの地に訪れた際に社殿を創建したとも伝えられる。

吉備は古代日本における重要地であり、2世紀に造営された楯築《たてつき》墳丘墓は、全長約83メートルを誇り、『後漢書』東夷伝に記された

❶

❶本殿と拝殿／２つの屋根を前後に並べた吉備津造と呼ばれる独特な建築様式で、国宝に指定されている。❷吉備の中山／吉備津神社は、備前国と備中国の境界にある吉備の中山（標高約175メートル）の北東麓にある。❸廻廊／吉備の中山の地形に合わせてつくられた長大な廻廊で、全長は約360メートルにも及ぶ。❹鬼ノ城／桃太郎伝説の由来となった古城で、伝承では温羅（うら）という鬼が棲んでいたという。実際には白村江の戦いの敗北後の７世紀にヤマト王権が国土防衛のために築いたと考えられる。

最古の倭国王・帥升《すいしょう》の墓とする説がある。またヤマト王権の象徴である前方後円墳には、吉備地域独特の特殊器台形埴輪が取り入れられている。ヤマト王権は、畿内、吉備、北部九州の勢力の連合によって生まれたとする説があり、古代からの先進地域だったことがわかっている。

ヤマト王権を支えた瀬戸内海の先進地域

4世紀以降、ヤマト王権が朝鮮半島へ積極的に進出すると多くの船が寄港し、吉備の人たちも交易を行った。鉄と塩の産地でもあったので、産業力も高かったと考えられる。吉備氏は5世紀になると地方豪族として最大の勢力を誇った。古墳時代には巨大な前方後円墳が相次いで築かれ、造山《つくりやま》古墳は全国4位（墳丘長約350メートル）、作山《つくりやま》古墳（墳丘長約282メートル）は全国10位の規模を誇る。

造山古墳が造営されたのは5世紀前半で、大阪府堺市の百舌鳥《もず》古墳群にある全国3位の上石津ミサンザイ古墳（墳丘長約365メートル）と同時期の造営である。上石津ミサンザイ古墳は17代履中天皇陵に比定されており、ヤマト王権と吉備の強い結びつきがうかがえる。

岡山県岡山市北区吉備津931

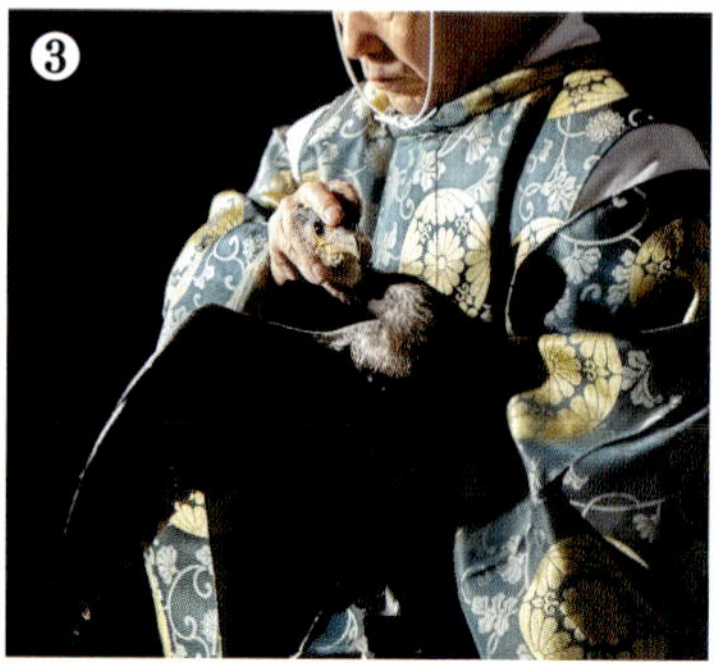

❶拝殿／天明7年（1787）に造営された本殿、拝殿、神門の3棟は国の重要文化財に指定されている。❷入らずの森（氣多大社 提供）／奥宮が鎮座しており、古来より神域として、人の出入りが禁止されてきた。❸鵜祭（氣多大社提供）／毎年12月に行われる神事で、祭神が能登半島にやってきた際にこの土地の神に鵜を献上した伝承に由来する。

出雲と関わりが深い能登半島の古社

氣多大社

けたたいしゃ

日本海交易圏を形成した越国

社伝によると、8代孝元天皇の代にオオナムチ（オオクニヌシ）が出雲から300余りの神々を率いて大蛇などを退治し、海路を開いたといわれる。その後、オオナムチはこの地で祀られた。「ケタ」は船から陸地に上がる際に置かれる渡し木（橋桁《はしげた》）のこととする説があり、海からやってきた祭神を彷彿とさせる名である。文献上の初出は『万葉集』で天平20年（748）に大伴家持が国内巡行の際に「気《け》太《た》神宮」を参拝したことが記されている。

敦賀の氣比《けび》神宮から越後の彌彦神社までの地域は「越」と呼ばれ、ヤマト王権誕生以前には、出雲地方発祥の四隅突出型墳丘墓が造営された。考古学的にも氣多大社の祭神の由来からも、能登半島は出雲と深く結びついた地域だった。能登半島の付け根部分はタケミナカタが諏訪に逃れる際の経由地にもなっている。

四道将軍のオオヒコが派遣されるまでは、諸豪族がそれぞれの地域を支配していた。古代の日本海地域はヤマト王権の勢力が十分に及ばず、畿内とは一線を画した独自の文化が育まれてきたことをあらわしているともいえる。境内の裏手にある約3万平方メートルに及ぶ原生林は「入らずの森」と呼ばれる禁足地であり、奥宮が鎮座している。

石川県羽咋市寺家町ク1－1

タニハノミチヌシを祀る

神谷太刀宮(神谷神社)

かみたにたちのみや(かみたにじんじゃ)

神谷神社とも呼ばれ、四道将軍の1人であるタニハノミチヌシを祀る。丹波道に派遣された際に祭神が持っていた宝剣・国見の剣を祀ることから、太刀宮と呼ばれる。境内には巨大な磐座があり(写真)、山から上る朝日の角度によって季節を知ったとする古代太陽祭祀の跡とも考えられている。

京都府京丹後市久美浜町1314

日本海側の海上交通の要衝

氣比神宮

けひじんぐう

北陸道の総鎮守とされる古社で、氣比神宮より以北が越国となる。氣比神宮がある敦賀と琵琶湖は陸路で20キロほどであり、琵琶湖からは水運を使って奈良盆地や河内湾につながることができる。14代仲哀天皇の后・神功皇后は、朝鮮半島への出征の成功を氣比大神に祈ったと伝えられ、敦賀湾はヤマト王権における主要な港の一つだったことがうかがえる。

福井県敦賀市曙町11-68

秋田の県名の由来地

古四王神社

こしおうじんじゃ

祭神のオオヒコは北陸道に派遣された四道将軍の1人で、社伝によるとオオヒコはその後、東北地方の蝦夷討伐に向かい、この地でタケミカヅチを齶田浦神《あぎたのうらのかみ》として祀ったという。齶田浦神は『日本書紀』にその名があり、蝦夷の地主神あるいは海洋神とされ、秋田の県名は「齶田」に由来するという。

秋田県秋田市寺内児桜1-5-55

初期ヤマト王権の勢力の北端

筑波山神社

つくばさんじんじゃ

標高約877メートルの筑波山は、古くから信仰の対象となっており、『常陸国風土記』にも登場する。筑波山は男体山、女体山の二峰からなり、それぞれイザナギとイザナミが祀られた。10代崇神天皇の時代には、筑波山を中心に、筑波、新治、茨城の三国が置かれ、物部氏の一族が筑波国造に命じられたと伝わる。

茨城県つくば市筑波1

四道将軍の二神が出会った地

伊佐須美神社

いさすみじんじゃ

四道将軍のうち、北陸道を進んだオオヒコと東海道を進んだタケヌナカワは父子で、二神は「相津《あいづ》」という地で再会した。これが「会津《あいづ》」という地名の由来とされる。二神は相津に農耕技術や先進文化を伝え、イザナギとイザナミを祀った。これが伊佐須美神社の起源とされる。29代欽明《きんめい》天皇の時代の6世紀に社殿が造営されたと伝わる。

福島県大沼郡会津美里町宮林甲4377

崇神天皇の神像を所蔵

伊奈冨神社

いのうじんじゃ

社伝によれば、崇神天皇5年に神託から創建されたと伝わる。伊奈冨神社には、崇神天皇像と伝えられる平安時代後期の木像があり、古代の天皇の像は全国的にも珍しい。伊奈冨神社は、ヤマト王権の前線基地があった伊勢と、古代から有力豪族がいた尾張の中間地点に位置する交通の要衝にある。

三重県鈴鹿市稲生西2-24-20

富士山頂を境内地とする大社

富士山本宮浅間大社

ふじさんほんぐうせんげんたいしゃ

記紀にはない富士山の記述

日本の最高峰である富士山（標高約3776メートル）は古くから霊山として信仰されていたが、一方で記紀には記述がない。古代の日本では鉄鉱石から製鉄を行う技術がなかったことから、朝鮮半島から板状の鉄素材を輸入しており、これを一元管理することでヤマト王権が各地域の豪族を支配した。そのため、ヤマト王権の関心は基本的には西方、あるいは大陸に向けられており、瀬戸内海や日本海側の要衝にゆかりの神社が多い。また富士山が噴火した際の噴煙は東に向かうため、ヤマト王権に直接的な被害がなかったことも要因だろう。

各地の神話や地理がまとめられた『風土記』は、5ヶ国のもの（出雲、常陸、播磨、肥前、豊後）と、ほかの文書に引用されて断片的に残った逸文がある。このうちの『常陸国風土記』には富士山が登場するほか、各地に残る伝承には富士山にまつわるものが多く、霊山として信仰されていたことは間違いない。

実際にあった2300年前の噴火

全国にある浅間神社の総本社とされる富士山本宮浅間大社は、社伝によると7代孝霊天皇の時代に、富士山が大噴火をおこし住民が離散して荒れ果てたことから、富士山の鳴動を抑えるために、11代垂

❶拝殿と本殿／本殿は浅間造と呼ばれる二重の楼閣となっており、神社建築としては珍しい。神座は二階部分にある。❷富士山詣曼荼羅図（朝日新聞社 提供）／平安時代初期の『富士山記』には、富士山頂に２人の白衣の女神が現れたと伝えられ、のちに祭神のコノハナノサクヤヒメと同一視された。その後、富士山頂は仏が住む浄土として信仰された。❸登拝／平安時代以降、富士山は山岳信仰の霊場となり、1合目から10合目までは人間が仏へと至る10の段階をあらわしていると考えられた。❹富士山頂の八峰／富士山は8つの峰を持つことから仏が座る八葉蓮華と考えられ、中央の火口は仏の世界とする「八葉九尊」に見立てられた。

仁天皇の時代に、浅間大神を祀り鎮めたのが起源とされる。

初代神武天皇の即位を紀元前660年とした場合、孝霊天皇の在位期間は、紀元前300〜前200年頃となる。実際に今から2300年前、富士山は大規模な山体崩壊を起こす大噴火をし、神奈川県御殿場市から駿河湾一帯に泥流が流れ込んだことがわかっている。こうした富士山の噴火の記憶が、富士山本宮浅間大社の伝承に反映されたとも考えられる。

富士山本宮浅間大社はもともと現在の山宮浅間神社がある地に祀られていた。現在地に遷座されたのは大同元年（806）のことで、坂上田村麻呂が51代平城天皇の勅命によって社殿を建てたと伝えられる。富士山本宮浅間大社は静岡県富士宮市の本宮と富士山頂の奥宮からなり、8合目以上の約120万坪が奥宮の境内地となっている。本殿は浅間造と呼ばれる独特の神社建築様式で、二重の楼閣となっている。

また本宮境内には富士山を源泉とする湧玉《わくたま》池があり、この池で禊をするのが富士山登拝の慣わしだった。毎年7月10日に開山祭が実施され、奥宮では8月末まで神職が常駐している。

静岡県富士宮市宮町1-1

熊野古道が放射状に伸びる中心地

熊野本宮大社

くまのほんぐうたいしゃ

熊野川を御神体とする神社

熊野本宮大社は、『延喜式』神名帳には「熊野坐《くまのにます》神社」と記されている古社である。熊野那智大社が那智の大滝、熊野速玉大社がゴトビキ岩への信仰を起源とするのに対して、熊野本宮大社は、熊野川を御神体として祀ってきた。もともとの鎮座地は「大斎原《おおゆのはら》」と呼ばれる熊野川の中州にあったが、明治22年（1889）の大洪水で社殿が流失したため、現在の丘陵地に移築・再建された。紀伊半島には東西に山脈が幾重にも延びており、移動が難しい。そこで熊野の地で重要な移動手段となったのが、山脈と山脈の間を流れる川だった。

社伝によると、初代神武天皇の東征時にはすでに鎮座していたとされ、10代崇神天皇の時代に社殿が建立されたという。熊野本宮大社の主祭神は家都美御子大神でスサノオと同一視とされる。

スサノオはアマテラスと誓約《うけい》と呼ばれる儀式を行ったことから、誓約の神として信仰され、烏文字と呼ばれる独特な文字が刻字される熊野三山の「熊野牛王《ごおう》神符」は、起請文《きしょうもん》（誓約書）に使う文化が生まれた。

熊野牛王神符の約束を破ると、神の使いである熊野の烏が1羽死に、違約者も血を吐いて死ぬとされる。戦国時代には、大名同士が同盟を結ぶ際などに熊野牛王神符が用いられた。

❶大斎原／熊野本宮大社の旧社地で、かつては熊野川の中州にあり本殿跡には熊野十二所権現を祀る祠が建立されている。❷八咫烏神事／起請文として用いられる熊野牛王神符を神前で祓い清め、宝印を押しはじめる神事である。❸本殿／本殿は3棟で、第一殿と第二殿を合わせた相殿と、第三殿、第四殿があり、熊野十二所権現を祀る。❹熊野古道から望む大斎原／熊野本宮大社には、沿岸部の紀伊路・大辺路を除く４本の熊野古道がつながっている。

スサノオの伝承が色濃く残る

『日本書紀』一書では、スサノオは子のイソタケルとともに日本各地に植林をし、その後、熊成峯に渡って根の国に入ったとある。この熊成峯が熊野の山々とされる。スサノオは、新羅から木の種とともに造船の技術を伝えた。そのため、熊野本宮大社の主祭神は「船玉大明神」とも呼ばれる。熊野本宮大社は、古くから船頭や水夫からの崇敬を受け、中世には熊野水軍と呼ばれる勢力が誕生した。この熊野水軍を統制していたのが、熊野三山を管理する熊野別当《べっとう》だった。

険しい山と森林が占める熊野は、人々を寄せ付けない厳しい自然環境を持つことから神仏習合が進むと浄土の地とされ、独自の信仰形態を生んだ。

平安時代に上皇や貴族が多く参詣するようになった熊野古道は、大きく分けて6本の道があるが、内陸に入る道はすべて熊野本宮大社につながっている。熊野本宮大社を中心に、高野山（小辺路《こへち》）、熊野那智大社（中辺路《なかへち》）、吉野山（大峯奥駈道）、伊勢神宮（伊勢路）があり、さらに熊野速玉大社とは熊野川で結ばれており、熊野本宮大社は熊野信仰の中核をなす神社といえる。

和歌山県田辺市本宮町本宮

荒川を治水した関東ローカルの信仰

氷川神社

ひかわじんじゃ

出雲族が入植した関東の巨大沼

社伝によると、5代孝昭天皇の時代の創建と伝えられ、スサノオを祀る。また12代景行天皇の時代にヤマトタケルが東征の際に氷川神社で祈願したとされるが、記紀におけるヤマトタケルの記述の中に氷川神社が登場することはない。13代成務天皇の時代には、出雲族のエタモヒが武蔵国造として赴任し、氷川神社の祭祀を行ったと伝わる。武蔵国造は、出雲大社で代々宮司を務める出雲国造と同族と伝承され、出雲の氏族が東国開拓のためにこの地に入植し、祖神を祀ったのが起源だろう。

氷川神社は埼玉県を中心とするローカルな神社で、埼玉県に162社、東京都59社、茨城県・栃木県・北海道に各2社、神奈川県・千葉県・鹿児島県に各1社である。氷川神社があるさいたま市大宮区の隣には見沼区があるが、かつてさいたま市から川口市にかけては、箱根にある芦ノ湖の2倍もの面積を誇る巨大な沼があった。この沼は御沼《みぬま》（神沼《みぬま》）と呼ばれ、氷川神社信仰の起源と考えられる。

社名に見る氷川神社の起源

御沼は、荒川と利根川に挟まれた沼地であり、荒川はその名の通り、荒ぶる川として絶えず洪水を起こした。また荒川と利根川は越谷市付近で合流し、たびたび大きな氾濫を起こした。「氷川」は、

❶神橋と楼門／朱色の楼門の前にある神橋は、御沼の名残を伝える神池に架けられている。❷舞殿と拝殿／社殿群の周囲には廻廊が巡り、中央に舞殿がある。京都の神社に多い建築物の配置である。❸大宮公園／かつての氷川神社の境内地で、湿地帯だった名残の舟遊池がある。❹氷川参道／江戸時代に整備された中山道から分岐して約2キロの参道が続く。一丁（約109メートル）ごとに丁石が置かれており、全部で18個ある。

スサノオがヤマタノオロチを退治した斐伊川（簸川《ひかわ》）に由来するとされる。このヤマタノオロチ退治は、斐伊川の治水を象徴する神話とも考えられている。武蔵国に入植した出雲族は、利根川と荒川の氾濫を鎮めるために、治水の神でもあるスサノオを祀ったと考えられる。

　氷川の社名の別の説として、「ヒ」は「氷」、「カハ」は「泉」または「池」をあらわす古語であり、「ヒカハ」は「冬に凍結する泉」の意味とするものもある。氷川神社がある高鼻町の地からは弥生式土器が発見され、早くから水田耕作が行われていたと考えられる。この地で農耕を営んだ人々が信仰したのが、御沼の水の神ということになる。

　御沼は享保年間（1716〜1736）に江戸幕府の干拓によって埋め立てられたが、境内にはかつての御沼の水源と伝えられる蛇の池が残る。

　明治元年（1868）10月13日に明治天皇が江戸城に入城したわずか4日後の10月17日に、氷川神社は勅祭《ちょくさい》社（祭事に天皇の使いが遣わされる神社）に定められ、10月28日には明治天皇自ら氷川神社に行幸した。氷川神社が関東における最重要な神社として見られていたことがわかる。

埼玉県さいたま市大宮区高鼻町1-407

❶拝殿／武蔵国の国府が置かれた地に鎮座しており、参道には武蔵国府跡の碑がある。❷本殿（大國魂神社 提供）／室町時代末期の神社建築様式を伝える貴重なもので、三殿一棟の独特な構造になっている。❸くらやみ祭（大國魂神社 提供）／毎年5月に行われ、国府祭の名残を伝える。かつては深夜に消燈して御旅所へと神幸したことから、「くらやみ祭」と呼ばれる。

武蔵国府に創建された六所宮

大國魂神社

おおくにたまじんじゃ

出雲族が入植した武蔵国の中心地

7世紀には、現在の埼玉県、東京都全域と神奈川県の一部を行政区域とする武蔵国の国府が、この地に置かれた。府中の市名はこれに由来する。行政の長である国司の職務の一つが、担当国に祀られる神々の祭祀で、一宮から順に参拝していった。こうした祭祀の効率化のために、任国内の重要な神々の祭祀をまとめた総社が創建された。そこで、武蔵国でも一宮から六宮（小野神社、二宮神社、氷川神社、秩父神社、金鑚《かなさな》神社、杉山神社）が合祀された。そのため大國魂神社はかつて六所宮と呼ばれた。

一方、大國魂神社の社伝によると、12代景行天皇の時代とされ、神託によって大國魂大神（オオクニヌシ）が祀られた。そして、出雲族が武蔵国造に任じられ、以後代々の国造が奉仕したという。氷川神社や神田神社（東京都千代田区）も出雲族の創建で、関東の古社には出雲との関連が多い。

大國魂神社の周辺地域からは縄文時代の集落跡が発見されており、古くから人々が住んでいたことがわかっている。府中市は多摩川の中流域にあり、5世紀の古墳時代前期の集落跡が発見されている。古墳の造営は6世紀頃からはじまっており、日本最古の上円下方墳も残っている。こうした背景から府中市が国府の地に選ばれたと考えられる。

東京都府中市宮町3－1

阿波地域を開拓した氏族

大麻比古神社

おおあさひこじんじゃ

ヤマト王権を支えた技術者集団

阿波忌部《あわいんべ》氏の祖であるアメノヒワシの子・オオアサヒコを祀る神社で、阿波国一宮である。「忌」は神事で穢れを避け、身を慎むことを意味し、忌部氏は、古代の宮廷祭祀や祭具の製作、宮殿の造営などを行った職人集団である。祖神のフトダマは天岩戸隠れの際、アメノコヤネ（中臣《なかとみ》氏の祖神）とともに祭祀を仕切った神である。

地方にはヤマト王権に奉仕する「忌部」がいたが、これらの忌部氏は必ずしも血族的につながっているわけではない。一方で、中臣氏の後裔の藤原氏の影響が強い記紀に対して、斎部《いんべ》（忌部）氏が編纂した『古語拾遺』では、フトダマが、地方忌部の祖神を率いたことになっている。フトダマに従った5柱の神を「忌部五部神」といい、クシアカルタマ（出雲忌部）、ヒコサチ（紀伊忌部）、アメノヒワシ（阿波忌部）、タオキホオイ（讃岐忌部）、アメノマヒトツ（筑紫忌部・伊勢忌部）が、地方忌部氏の祖神となったとされる。

社伝では、フトダマの孫のアメノトミが阿波忌部氏を率いて阿波国に移り住んだという。阿波忌部は麻やコウゾを植えてこの地を開拓し、麻布や木綿を生産し、ヤマト王権に貢納した。古代には服の多くは麻を素材にしてつくられ、『古語拾遺』には神々の宝物として麻が記されている。麻は祭祀と実用を兼ねた重要な生産物だったのである。

徳島県鳴門市大麻町板東字広塚13

❶

❷

❸

❶拝殿／祭神の「大麻比古神」はアメノヒワシの子であり、麻の栽培を広めたことからこの名がつけられた。❷大麻山／大麻比古神社の神体山とされる山で、もう1柱の祭神・サルタヒコが鎮まった地と伝えられる。❸メガネ橋／徳島県には第一次世界大戦でドイツ将兵の捕虜収容所があり、メガネ橋は捕虜たちがつくったもの。

阿波忌部氏が入植した新天地

安房神社
あわじんじゃ

社伝では、阿波国を開拓したアメノトミが阿波忌部氏を率いて房総半島南部に上陸し、この地に麻や穀を植えて開拓し、布良浜の男神山と女神山に祖神のフトダマを祀ったのがはじまりとされる。徳島県と房総半島は黒潮でつながっており、阿波国と安房国が同じ音であるとともに、白浜、勝浦といった共通する地名があり、両地域のつながりがうかがえる。

千葉県館山市大神宮589

もう一つの阿波忌部氏の社

忌部神社
いんべじんじゃ

大麻比古神社とともに阿波忌部氏の祖神を祀る。阿波忌部氏は吉野川流域に勢力を展開し、ヤマト王権に木綿や麻布などを貢納した。『延喜式』神名帳では大嘗祭に用いられる麻織物「麁服《あらたえ》」が阿波忌部氏によってあつらえることが記され、平成2年（1990）の大嘗祭では、忌部神社の織殿《おりでん》で麁服が織られた。

徳島県徳島市二軒屋町2-53-1

中央で活躍した忌部氏

天太玉命神社
あめのふとだまのみことじんじゃ

地方だけでなく、ヤマト王権の中央で活躍した忌部氏もいた。中央の忌部氏の本拠地は、現在の奈良県橿原市忌部町周辺にあり、天太玉命神社が鎮座している。近くにある曽我《そが》遺跡では昭和57年（1982）から大規模な発掘調査が行われ、5世紀後半から6世紀前半にかけての玉類が出土し、忌部氏と関わりが深い場所だったことが推測される。

奈良県橿原市忌部町153

房総半島にある「勝浦」に鎮座

遠見岬神社
とみさきじんじゃ

阿波国から阿波忌部氏を率いて房総半島にやってきたアメノトミを祀る神社で、徳島県にも地名がある「勝浦」に鎮座している。アメノトミは、現在の八幡岬突端にある冨貴島（写真）に居住し、その後裔がこの地に社殿を造営したと伝わる。冨貴《ふき》島の社殿は、慶長6年（1601）の津波で壊滅したことから、現在地に遷座された。

千葉県勝浦市浜勝浦1

御沼を信仰する三社の一つ

中山神社（中氷川神社）
なかやまじんじゃ（なかひかわじんじゃ）

中氷川神社とも呼ばれる神社で、スサノオとクシナダヒメの子を祀る。氷川神社、中山神社、氷川女體神社はかつてあった御沼の沿岸にあり、三社を合わせて武蔵国一宮と称されていたという伝承もある。三社はほぼ直線上に鎮座し、その延長線上が冬至の日の出と夏至の日の入りとなっており、太陽信仰との関連性を指摘する説もある。

埼玉県さいたま市見沼区中川143

氷川神社の妻・クシナダヒメを祀る

氷川女體神社
ひかわにょたいじんじゃ

氷川女體神社は御沼に突き出る形の小高い丘の上に創建されたと伝えられ、クシナダヒメを祀る。御沼が干拓される以前には、御沼の中にあった御旅所に巡幸する磐船祭が隔年で行われた。氷川女體神社の東南約2キロの地にある四本竹遺跡からは、790本もの竹とともに古銭などが出土し、この地が磐船祭の御旅所だったことがわかっている。

埼玉県さいたま市緑区宮本2-17-1

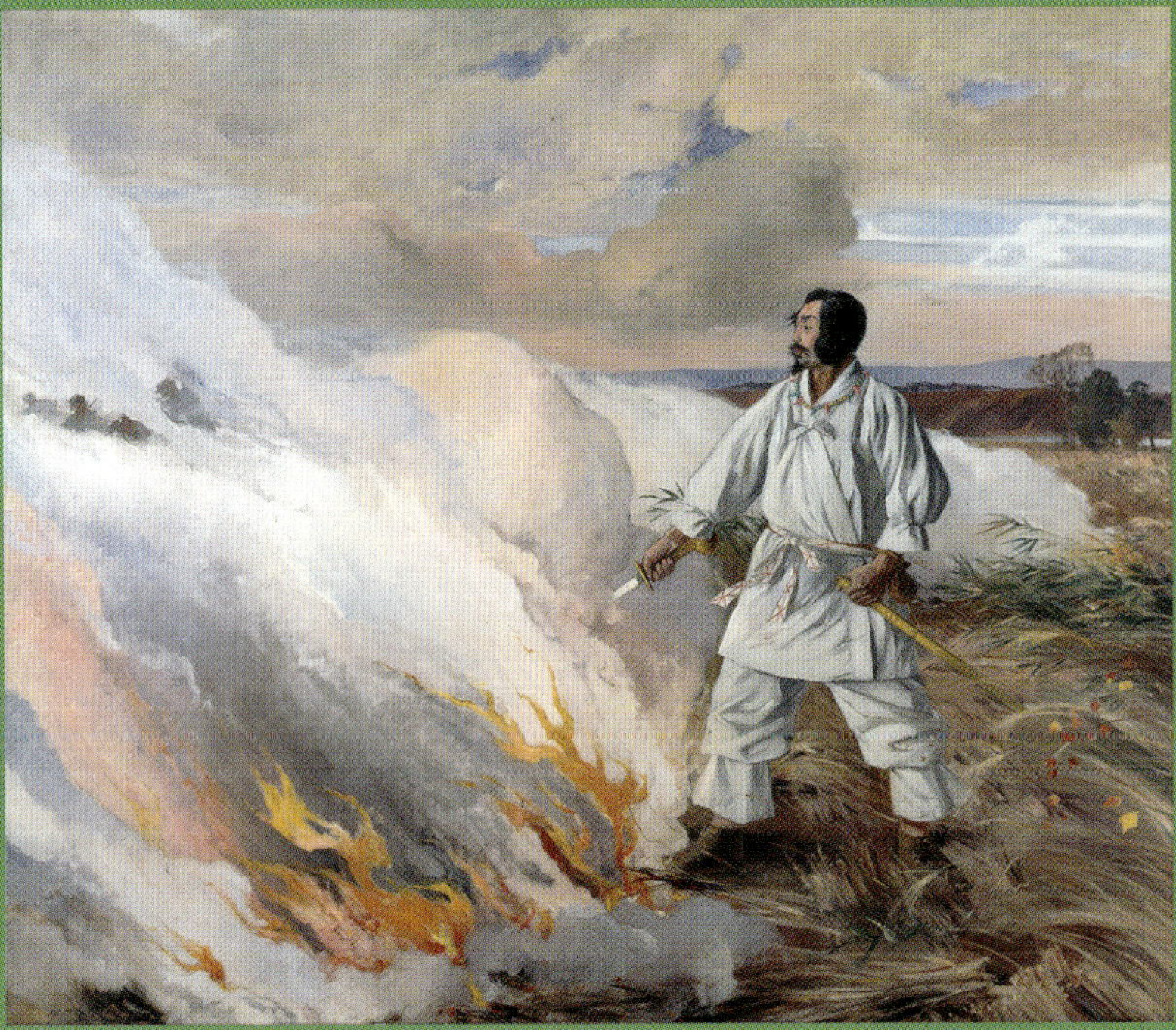

第5章
初期ヤマト王権の時代

3世紀後半に誕生したヤマト王権は、当初は畿内・瀬戸内海沿岸・北部九州を中心とした勢力だったが、4世紀を通じて、勢力圏は東北地方南部にまで広がる。さらにヤマト王権は、生命線である鉄資源の確保のために朝鮮半島南東部への勢力拡大を目指した。ヤマトタケルと神功皇后の物語を中心に4世紀の日本を見てみよう。

『日本武尊』渡部審也 画　神宮徴古館 所蔵

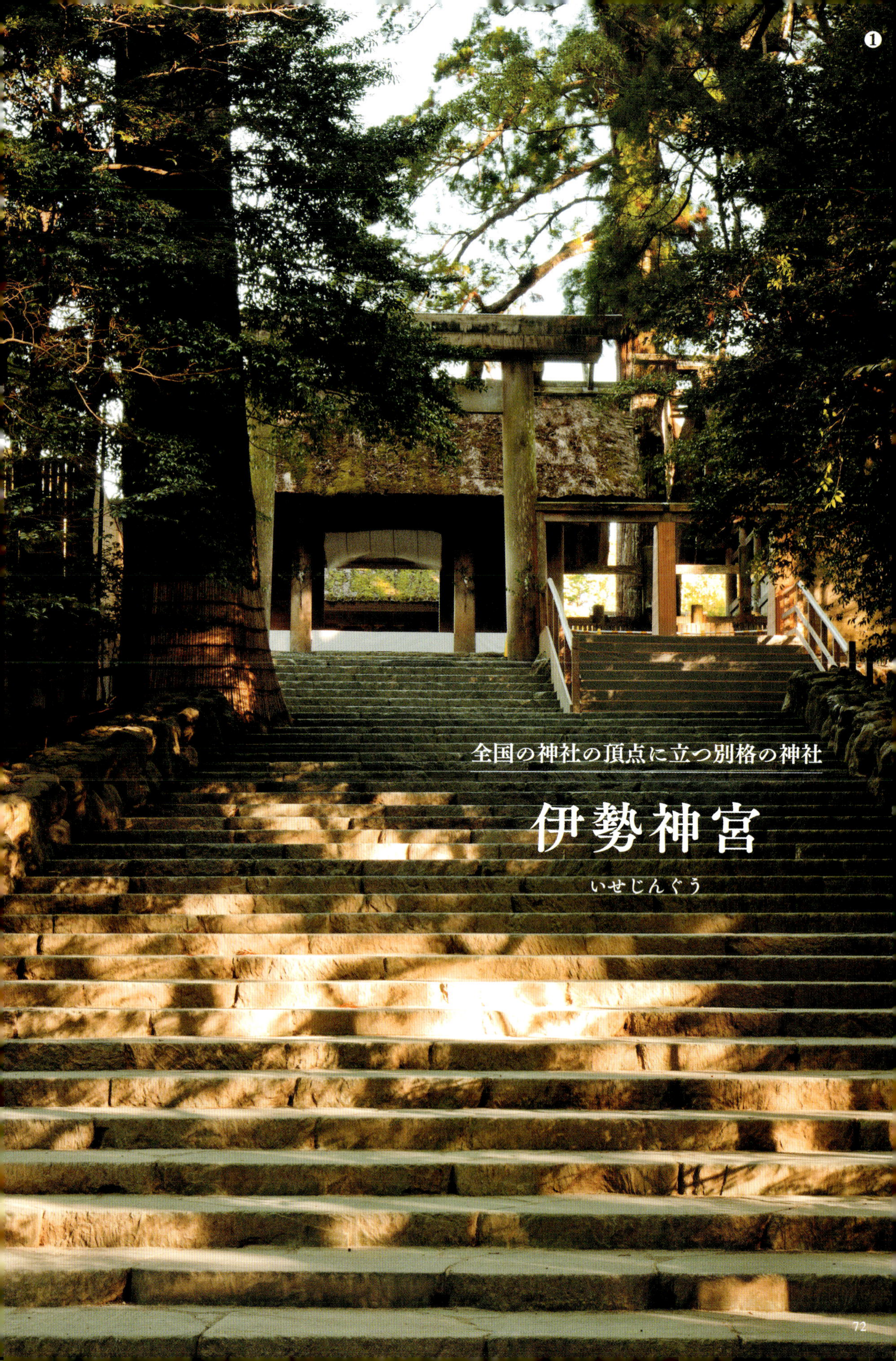

全国の神社の頂点に立つ別格の神社

伊勢神宮《いせじんぐう》

❷

❸

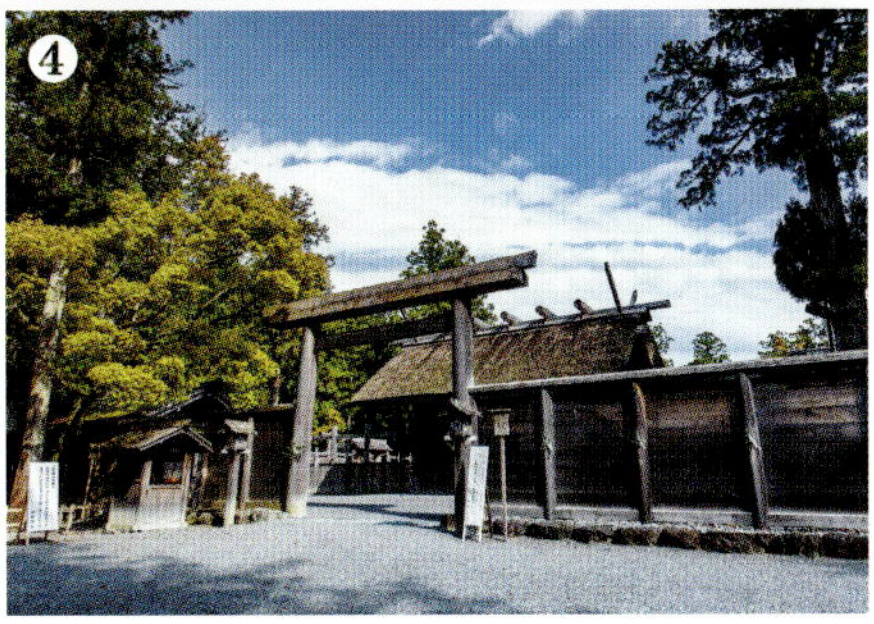

❹

❶皇大神宮（内宮）／伊勢神宮の中心となる神社で、アマテラスが宿る八咫鏡を祀る。石段より先は写真撮影禁止となっている。❷内宮・御正宮（神宮司庁 提供）／御正宮の内院は、参拝者が入ることができない聖域となっており、御正殿は最古の建築様式といわれる唯一神明造である。❸宇治橋／内宮の前にある五十鈴川に架かる橋で、冬至の近くになると橋の延長線上から朝日が上る。❹豊受大神宮（外宮）／21代雄略天皇の時代に創建されたと伝わり、食物を司るトヨウケを祀る。御正宮の周囲は4重の御垣が巡らされている。

ヤマト王権の東国支配の要衝

　伊勢神宮の正式名称は「神宮」であり、全国にある神社の中心的存在である。アマテラスを祀る内《ない》宮《くう》（皇大神宮《こうたいじんぐう》）とトヨウケを祀る外宮《げくう》（豊受大神宮《とようけだいじんぐう》）をはじめ、125の宮社からなる。創建年代については諸説あるが、『日本書紀』には、11代垂仁《すいにん》天皇の皇女・ヤマトヒメが八咫鏡（アマテラス）の鎮座地を求めて各地を巡り、最終的に伊勢の内宮の地に至ったことが記されている。

　伊勢の地に祀られるようになった理由について、『倭姫命世記《やまとひめのみことせいき》』では、鎮座地を探していたヤマトヒメにアマテラスから「この神風が吹く伊勢の地は、常世の波が幾重にも打ち寄せる国である。大和に近く、可怜《うま》し国（豊かな国）である。この国にいようと思う」という神託があったためと伝えられる。実際に伊勢は景勝地が多く、農産物や海産物が多く採れ、伊勢神宮の神饌《しんせん》（お供え物）として捧げられた。

　大和と伊勢は距離的にはそれほど遠くないが、間には山岳地帯が広がり、古代においてはアクセスが良い場所ではなかった。そのような伊勢に重要な神が祀られたのは、ヤマト王権が東国への影響力を推し進める中で、海陸交通の要衝だったからという指摘がある。

　伊勢神宮にはかつて「斎王《さいおう》」と呼ばれる制度があった。斎王は皇族女性から選ばれ、祭祀に奉仕を行う人物で、伊勢神宮の近郊にあ

❺上棟祭（神宮司庁 提供）／伊勢神宮では20年に一度、主要社殿や宝物をつくり替える式年遷宮が行われ、30を数える祭事や行事が続く。❻瀧原宮（三重県度会郡大紀町滝原872）／内宮の別宮で、伊勢神宮創建前にアマテラスが祀られた元伊勢。瀧原竝宮とともに鎮座し、アマテラスの荒魂を祀る。❼倭姫宮／内宮の別宮で、伊勢神宮を創建したヤマトヒメを祀る。内宮と別宮の中間地点に鎮座している。

った斎宮《さいくう》（三重県明和町）に住み、祈りの日々を過ごすことになる。斎王については、平安前期にできた『延喜式』にも規定が載っており、斎王は国家制度に位置づけられていた。最初の斎王は、40代天武天皇の皇女である大来《おおく》皇女（673年）で、96代後醍醐天皇の代まで続いた。

諸説ある伊勢神宮の創建年

日本各地の多くの古社の創建の正確な年が判然としないのと同様に、伊勢神宮の明確な創建年はわかっておらず、いくつかの説がある。『日本書紀』の伊勢神宮の創建は垂仁天皇の時代の「丁巳《ていし》の年の冬10月」とある。10代崇神天皇をヤマト王権の最初の大王とした場合、「丁巳の年」に相当する年は、297年となる。

実際の創建は4世紀後半とする説もある。ヤマト王権の勢力範囲が拡大し、東国経営が本格的にはじまった時期であり、伊勢の地は、東に海路をとる際の前線基地の役割を持ちはじめた。ヤマト王権における伊勢の重要性が高まったことで、伊勢の地で本格的な祭祀がスタートしたとも考えられる。

一方、外宮の創建が本格的な伊勢の神宮祭祀のはじまりとする説もある。9世紀に編纂された伊勢神宮に伝わる史料で最も古い『止《と》由気宮《ゆけぐう》儀式帳』には、外宮が21代雄略天皇の時代に創建されたことが記されている。この外宮の鎮座を、実質的な伊勢神宮の創建とする。

持統天皇4年（690）には、第1回の式年遷宮が行われたことからも、7世紀には伊勢神宮は確固たる地位にあり、伊勢神宮の創建はそれ以前と考えられる。

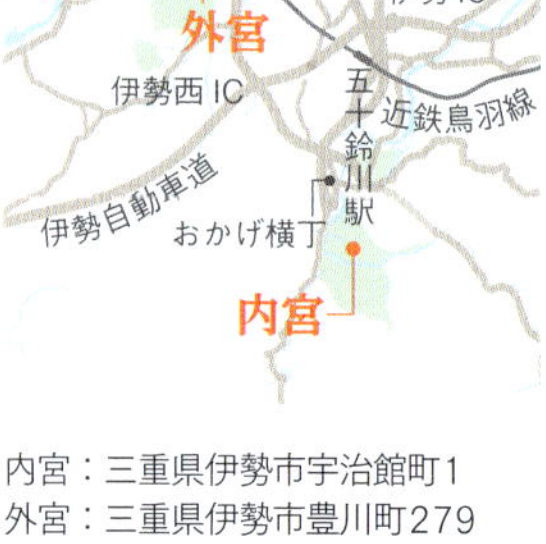

内宮：三重県伊勢市宇治館町1
外宮：三重県伊勢市豊川町279

伊勢の太陽信仰を今に伝える

二見興玉神社

ふたみおきたまじんじゃ

志摩半島の東方はさえぎるものがなく太平洋を一望できることから、古くから太陽信仰が発展した。この伊勢の古くからの太陽神とされるのがサルタヒコであり、その姿はホオズキのように光り輝いていたと伝わる。このサルタヒコは天孫ニニギを導いた神とされ、その後、この地に降臨し、興玉神石《おきたましんせき》に鎮まった。海上の夫婦岩（写真）はこの神石の鳥居の役割を担い、しめ縄越しに日の出を望むことができる太陽信仰の聖地となっている。

三重県伊勢市二見町江575

伊勢神宮創建に関わった一族

猿田彦神社

さるたひこじんじゃ

社伝によると、天孫ニニギを導いたサルタヒコはその後、伊勢神宮に近い五十鈴川のほとりに鎮まったとされる。『倭姫命世記』や『皇太神宮儀式帳』には、サルタヒコの子孫の大田命《おおたのみこと》は、アマテラスの神霊が宿る八咫鏡の鎮座地を探すヤマトヒメを出迎え、現在の伊勢神宮の内宮がある地へと導く役割を担った。猿田彦神社の宮司を代々務める宇治土公《うじのつちぎみ》家は、この大田命の後裔とされる。

三重県伊勢市宇治浦田2-1-10

旅人を殺す伊勢の荒ぶる神

阿射加神社

あざかじんじゃ

伊勢神宮の鎮座地を探すヤマトヒメ一行が、この地に荒ぶる神がいたため足止めされたと伝えられる地とされる。ヤマトヒメが社殿を建立し、この神を鎮めたのが創建とされる。祭神のイツハヤフルはこの地の通行者が100人いれば50人を殺すという神である。この地には伊勢の神・サルタヒコの伝承もあり、同神の別名ともいわれる。小阿坂町にも同名の神社があり、伊勢神宮外宮の御厨が大阿射賀と小阿射賀に二分されていたため、守護神として勧請されたともいわれる。

三重県松阪市小阿坂町120

古墳に欠かせない埴輪を製作

土師神社

どじじんじゃ

土師《はじ》氏は、11代垂仁天皇の前で相撲を行った野見宿禰を祖とする氏族である。野見宿禰は古墳に生きた人を埋める代わりに埴輪を埋めることを提案し、その功績で土師姓を与えられたと伝えられる。埴輪によって古墳を装飾するのは古墳時代に入ってからの特徴であり、土師氏は技術者集団として活躍した。上毛野氏が統治した北関東では巨大古墳が造営され、国宝に指定される「挂甲の武人」をはじめとする多くの埴輪が出土している。

群馬県藤岡市本郷164

ヤマトタケルの兄弟が祭神

伊曽乃神社

いそのじんじゃ

社伝では、12代景行天皇の皇子であるタケクニコリワケ（ヤマトタケルの兄弟）が創建したとされる。タケクニコリワケは伊予国（愛媛県）に派遣され、アマテラスの荒霊を祀ったことがはじまりと伝えられる。このタケクニコリワケの子孫・伊予三村別で伊予国の開拓を行い、祖神を祀ったものと考えられる。瀬戸内海の要衝に位置し、8世紀には新羅遠征のための祈願が行われた記録がある。

愛媛県西条市中野甲1649

三種の神器を祀る尾張氏の本拠地

熱田神宮

あつたじんぐう

各地を移動する三種の神器

熱田神宮は、三種の神器の一つである草薙剣を御神体とする神社であり、同じく三種の神器を祀る伊勢神宮に次ぐ社格を誇る。草薙剣は、スサノオがヤマタノオロチを退治したときに尾から出てきたとされる剣である。スサノオから、アマテラスへ献上されたのちに、天孫降臨の際にニニギに授けられて地上世界にもたらされたと伝えられている。

記紀では、12代景行天皇の第二皇子・ヤマトタケルが、父の命令で九州や東国に遠征する物語が記されている。その東征時に、叔母のヤマトヒメからヤマトタケルに神剣が授けられた。東征の最中、静岡県焼津市あたりで火攻めに遭ったとき、この剣で草を薙《な》ぎ払って窮地を脱したことから、「草薙剣」と呼ばれるようになったといわれる。

東征を成し遂げたヤマトタケルは、大和への帰還途中で尾張国（愛知県西部）に立ち寄り、尾張氏の娘であるミヤズヒメを妃とする。その後、草薙剣を持たずに伊吹山の邪神退治に赴いた際に、病にかかって亡くなってしまった。

ミヤズヒメは夫が置いていった草薙剣を熱田の地に祀った。八咫鏡もヤマトヒメによって各地を巡行することになったが、草薙剣もまた出雲→天上世界→日向・大和→尾張と日本各地を移動したのちに祀られたことになる。

❶本宮拝殿／八咫鏡を祀る伊勢神宮と同じ社殿配置・規模の神明造となっており、現在の社殿は昭和30年（1955）に造替されたもの。❷境内地空撮／境内は約20万平方メートルあり、境内外に本宮・別宮のほか43社が祀られている。❸上知我麻神社／熱田神宮の摂社で、智恵の神・オトヨを祀る。創建年代は不明で、八剣宮と境内地を共有している。❹高座結御子神社／熱田神宮の摂社で、尾張氏の祖神であるタカクラジを祀る。タカクラジは神武東征時に神剣を届けた神である。

ヤマト王権の勢力範囲と重なる遠征先

東海地方は、ヤマト王権誕生以前には、独自の勢力圏を形成しており、大和から瀬戸内海、北部九州にかけて、前方後円形の首長墓が造営されたのに対して、東海から関東、北陸にかけては前方後方形の首長墓が造営された。この前方後方形の発祥の地が、尾張地方であり、近年では、『魏志』倭人伝で邪馬台国と対立関係にあった狗奴《くな》国だったとする説が有力になっている。

『日本書紀』では、ヤマトタケルは父の命を受けて、美濃や尾張の東海勢力の豪族を従えて西へ進み、熊襲を征討し、帰路に吉備や難波（大阪府）を征討している。一方、『古事記』では帰路で討ったのは出雲のイヅモタケルとなっている。その後、ヤマトタケルは東国へ転戦し、『日本書紀』では、吉備の勢力や大伴《おおとも》氏らを従えて東国を平定し、さらに東北地方まで転戦した。

こうしたヤマトタケルの遠征は、4世紀後半の前方後円墳の分布の拡大と一致しており、ヤマト王権の勢力の拡大を象徴的に物語化したものと考えられる。「タケル」は武勇に優れた人物に与えられる称号であり、「ヤマトタケル」は勢力の拡大を1人の英雄としてモデル化したものとも考えられる。

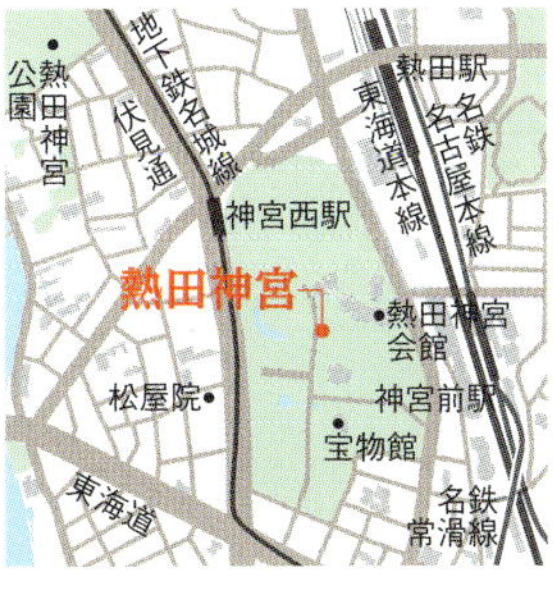

愛知県名古屋市熱田区神宮1-1-1

「草薙」の由来となった神社

草薙神社
くさなぎじんじゃ

ヤマトタケルが野原で火攻めに遭った際に、持っていた神剣で草を薙いで難を逃れた故事に由来する神社で、『延喜式』神名帳に記載がある古社である。熱田神宮に草薙剣が祀られる以前には、草薙神社に祀られていたとも伝えられる。隣の焼《やい》津《づ》市が火攻めに遭った地とされ、焼津神社がある。

静岡県静岡市清水区草薙349

ヤマトタケルの火打袋が御神体

酒折宮
さかおりのみや

記紀でヤマトタケルが滞在した酒折宮の比定地とされ、連歌《れんが》の発祥の地とも伝わる。ヤマトタケルが東征の帰路にこの地に立ち寄り、火攻めの際に窮地を脱するために用いた火打袋をこの地に住むシオノミに授けたと伝わる。シオノミの後裔は甲斐国造となった。この火打袋を御神体として創建されたのが酒折宮とされる。

山梨県甲府市酒折3-1-13

妃が入水した悲劇の地

走水神社
はしりみずじんじゃ

走水は現在の浦賀水道とされ、ヤマトタケルが船で三浦半島から房総半島に渡ったと伝えられる。浦賀水道の最狭部はわずか6・5キロで、ヤマトタケルは一足で飛びこせそうだといった。そのため、ヤマトタケルは海神の怒りを買い、暴風雨に遭うことになる。同行していた妃のオトタチバナヒメが入水して海を鎮めたという。

神奈川県横須賀市走水2-12-5

東海地方を統治した尾張氏の氏神

尾張戸神社
おわりべじんじゃ

ヤマトタケルの妃だった尾張氏出身のミヤズヒメの勧請で創建された。尾張氏の祖神・アマノホアカリなど3柱の神を祭神として祀る。熱田神宮の大宮司は代々尾張氏が務めたことから、尾張戸神社は「熱田の奥の院」とも称された。尾張戸神社周辺には多数の古墳があり、これらは尾張氏の一族の墓と伝えられる。

愛知県名古屋市守山区大字志段味字東谷209

富士山信仰の始原の地

山宮浅間神社
やまみやせんげんじんじゃ

社伝では、ヤマトタケルが火攻めに遭った際に、富士山の神・浅間大神に祈願して祀ったと伝わる。富士山の溶岩流の先端に鎮座しており、本殿がなく、富士山を遥拝する原始の信仰形態を残し、富士山本宮浅間大社の元宮とされる。明治時代初期までは、毎年、春と秋の2回、本宮と山宮を神輿が往復する山宮御巡幸が行われた。

静岡県富士宮市山宮740

ヤマトタケルの神霊が降り立つ

大鳥大社
おおとりたいしゃ

東征ののちに能褒野《のぼの》（三重県亀山市）で亡くなったヤマトタケルは、その地に埋葬されたがその陵墓から、姿を変えた大鳥が飛び立った。社伝によると、この大鳥が最後に舞い降りた地が、大鳥大社が鎮座する地だったと伝えられる。そのため、ヤマトタケルの陵墓は、能褒野と百舌鳥・古市古墳群（大阪府）の2地域にある。

大阪府堺市西区鳳北町1-1-2

秩父山地にある霊山

三峯神社
みつみねじんじゃ

社伝によるとヤマトタケルが東征中に三峰山上にイザナギとイザナミを祀ったことにはじまる。三峰山は、修験道の開祖・役小角が伊豆から飛来して修行したともいわれ、古くから霊山として信仰された。三峯の神の使いとされる狼は、「お犬様」と呼ばれ、火除け・盗難除けの霊験あらたかとされて、神札を求める講《こう》が各地に結成された。

埼玉県秩父市三峰298-1

火打石が埋納された神体山

金鑚神社
かなさなじんじゃ

武蔵国二宮で、社伝によるとヤマトタケルが東征の際に、火攻めの窮地から逃れる際に用いた火鑽《ひきり》金（火打石）を御室山（御室ヶ獄）に納めたことがはじまりとされる。本殿がなく、御室山を御神体としている。神流川周辺では良質な砂鉄が産出され、「カナサナ」は「金砂《かなすな》」が語源ともいわれる。また『魏志』倭人伝に記述がある「華《か》奴蘇奴《ぬそぬ》国」とする説がある。

埼玉県児玉郡神川町大字二ノ宮751

ヤマトタケルの創建と伝わる

寳登山神社
ほどさんじんじゃ

社伝では、ヤマトタケルが宝登《ほど》山に上った際に初代神武天皇を祀り、山頂には奥宮がある。ヤマトタケルは登山中に山火事に遭うが、そこに大犬が現れて火を消したことから火《ほ》止《ど》山と呼ばれるようになったという。また、祭神に火の神・ホムスビがおり、「ホド」は女性器の古語でもあることから、イザナミの火神出産の神話の影響がうかがえる。

埼玉県秩父郡長瀞町長瀞1828

秩父地方の国造の氏神

秩父神社
ちちぶじんじゃ

祭神は天岩戸隠れで活躍した智恵の神・オモイカネである。社伝では、10代崇神天皇の時代に、知知夫《ちちぶ》国の国造となったチチブヒコが祖神であるオモイカネを祀ったと伝わる。社殿後背部にある武甲《ぶこう》山は秩父神社の御神体とされ、信仰されている。秩父神社、三峯神社、寳登山神社を総称して秩父三社とも呼ばれる。

埼玉県秩父市番場町1-3

秩父に現れたサルタヒコ

椋神社
むくじんじゃ

『延喜式』神名帳に記載された秩父郡の神社は二社で、秩父神社とともに椋神社がある。社伝によるとヤマトタケルが東征した際に、持っていた矛が光を放ち、この地にあった椋の木へと導いた。すると木の根本の泉からサルタヒコが現れて道案内したことから、矛を御神体として椋神社を創建したと伝えられる。秩父市内には同様の社伝を持つ五社の椋神社がある。

埼玉県秩父市下吉田7377-1

古代にあった師長国一宮

川匂神社
かわわじんじゃ

11代垂仁天皇の時代の創建と伝えられる。かつてこの地は師長《しなが》国と呼ばれ、川匂神社は師長国一宮だったが、隣国と合併して相模国が成立すると、寒川神社が相模国一宮となった。相模国六社で行われる国府祭では、寒川神社と川匂神社の神の競争が行われ、三宮によって引き分けの裁定が出されて翌年に繰り越される神事が行われる。

神奈川県中郡二宮町山西2122

4世紀末のヤマト王権の
対外進出の出発地

住吉大社

すみよしたいしゃ

上町台地にあった古代の港

住吉大社は住吉三神と呼ばれるソコツツオ、ナカツツオ、ウワツツオと神功皇后を祀る神社である。住吉三神はイザナギが黄泉の国から帰還後に禊を行った際に生まれた神々で、海の流れを司る神々とされる。

『日本書紀』では、住吉三神が14代仲哀天皇の后である神功皇后の物語に多く登場する。仲哀天皇と神功皇后は、九州の熊襲征伐のために西征するが、途中で住吉三神から「新羅を討つように」という神託が下る。ところがこの神託を信じなかったため仲哀天皇は急逝してしまった。跡を受け継いだ神功皇后は、住吉三神の守護のもと朝鮮半島にわたり、新羅、百済、高句麗《こうくり》を服属させたという。これを三韓征伐という。帰国した神功皇后は、港があった住吉津に、住吉三神を祀る神社を創建した。これが住吉大社のはじまりである。

古代の河内平野には巨大な河内湾があり、大阪湾との間には上町台地が半島となっており、巨大な波止場のように延びていた。この上町台地の北端に難波津（港）があり、付け根部分に住吉津が位置している。

好太王碑と酷似する神功皇后の三韓征伐

神功皇后の記述には、神話的な要素が多く、創作された人物と考えられているが、5世紀初頭に高句麗によって建てられた好太王碑

（中国吉林省）には、倭軍が朝鮮半島へ進出したことが記されている。

好太王碑には、391年に倭国が海を渡り百済を討ち破って臣下としたため、高句麗は百済に侵攻し、服属させた。ところが399年には百済が秘密裏に倭国と同盟を結んだので、高句麗は再び百済に派兵したとある。同時期、新羅に倭国が侵攻し新羅王を倭国の臣下にしたため、新羅は高句麗に救援を求めてきた。そのため5万の大軍を送ったところ、倭国軍は撤退したとある。百済や新羅に対して戦局を優勢に進め、大国・高句麗と武力衝突した記述は、『日本書紀』の神功皇后の記述と共通点が多い。

4世紀にヤマト王権が活発に交易をしたのは、朝鮮半島南西部の百済と南部の伽耶《かや》諸国だった。日本国内では、鉄鉱石や砂鉄からの製鉄はできなかったために、ヤマト王権は伽耶地域で産出する鉄資源や、先進技術を求め、積極的に交流を図ったのである。そのため、朝鮮半島における鉄の権益を確保するために、ヤマト王権は高句麗・新羅・百済の三国が争う不安定な朝鮮半島に積極的に干渉したのである。

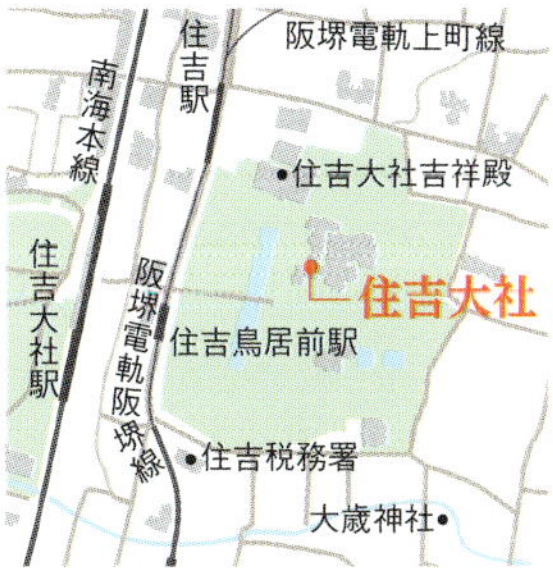

大阪府大阪市住吉区住吉2-9-89

❶社殿／住吉三神を祀る第一から第三本宮が直線的に並び、その横に神功皇后を祀る第四本宮がある。本殿は、神社建築の最古の様式の一つとされる住吉造である。❷角鳥居／一般的な鳥居の柱は円柱になっているが、住吉大社では四角柱となっており、角鳥居と呼ばれる。❸住吉祭 大和川渡御／住吉三神が神輿に遷され、大阪中を巡り堺市にある御旅所・宿院頓宮まで巡幸する。途中にある大和川では、川渡りが行われる。❹反橋（太鼓橋）／神池に架けられた神橋で、最大傾斜は約48度になる半円状になっている。古代の港だった往事を偲ばせる。

二皇子の反乱の鎮圧を助ける

廣田神社

ひろたじんじゃ

沿岸部に奉斎されたアマテラス

社伝によれば、神功皇后が広田の森にアマテラスの荒魂《あらみたま》を祀るために創建された。三韓征伐に向かう際、神功皇后は妊娠しており、お腹には15代応神天皇が宿っていた。これに対して、仲哀天皇の遺児で、応神天皇の異母兄の香坂王《かごさかおう》と忍熊王《おしくまおう》は、王都に戻る神功皇后を亡き者にしようと画策した。

二皇子は、仲哀天皇の陵墓の造営と偽って播磨赤石（現在の兵庫県明石市）に陣地を構築した。明石海峡の最狭部はわずか3・6キロしかない要衝である。そのため、神功皇后は淡路島を迂回して難波津を目指そうとするが海が荒れていたため、進むことができなかった。

するとアマテラスから「わが荒魂を皇后に近づけるべからず。まさに心を広田国に居ますべし」という神託を受けた。そこで、神託の通りに広田の森にアマテラスを祀ったところ、船を進めることができた神功皇后は反乱鎮圧のために瀬戸内海沿岸部で、祭祀を多く行ったことが伝えられる。

一方、反乱を起こした香坂王は、成否を占う誓約《うけい》の狩りを行ったところ、猪に襲われて殺されてしまった。この不吉な結果から、忍熊王は住吉に後退し、さらに宇治まで撤退した。神功皇后軍は紀伊国に上陸し、宇治に進軍した。忍熊王は将軍タケフルクマによって討たれたという。

兵庫県西宮市大社町7－7

❶社殿／王都の西に位置し、皇祖のアマテラスの荒魂を祀ることから、この地は「西宮」と呼ばれるようになった。❷鳥居としめ縄／廣田神社の三の鳥居と四の鳥居は、シンプルな形態の鳥居にしめ縄が掛けられている。❸甲山／廣田神社の背後にある甲山は、神功皇后が国家鎮護のために兜などを埋納したと伝わる。

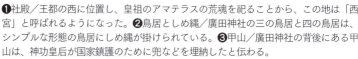

❶拝殿／周囲約11キロの志賀島は、海の中道で本土と陸続きになっている。博多湾の出入り口に位置している。❷亀石遥拝所／志賀島の南東部にあり、東の玄界灘を一望できる。対岸にある大嶽神社と小嶽神社を遥拝する場所である。❸「漢委奴国王」金印（福岡市博物館 所蔵）／西暦57年に後漢の光武帝から、福岡平野にあった奴国の王に贈られた金印で、天明4年（1784）に志賀島から出土した。

❶

❸

❷

博多湾を拠点にした安曇氏の祖

志賀海神社

しかうみじんじゃ

古代から港として機能した博多湾

『魏志』倭人伝に登場する奴国が中国の皇帝から授けられた「漢委奴国王」の金印が出土したことで知られる志賀島に鎮座する。祭神の綿津見《わたつみ》三神（ソコツワタツミ、ナカツワタツミ、ウワツワタツミ）は、イザナギが禊を行った際に生まれた神々で、海上交通の守護神である。古語で、「ワタ」は「海」、「ツ」は接続詞の「の」、「ミ」は「神霊」を意味する。海上交通の守護神のうち、綿津見三神は安曇氏、宗像三女神は宗像氏、住吉三神は津守《つもり》氏が信仰した。『筑前国風土記』逸文には、神功皇后が三韓征伐の際に志賀島へ立ち寄った記述がある。志賀島一帯を本拠としていた安曇氏が志賀島神社の奉祀を代々務めてきた。三韓征伐の際には安曇磯良《いそら》が神功皇后から船の舵取りを任されたと伝わる。

志賀島神社の本殿は志賀島の南東部にあるが、志賀島の北東部には摂社の仲津宮がある。さらにその沿岸にある沖津島には摂社の沖津宮があり、宗像大社と同様に三宮の信仰形態をとっていたと考えられる。

さらにその延長線上には、大陸の玄関口となった釜山がある。志賀島は、大陸や朝鮮半島への出発点として重要な役割を果たしてきた。志賀海神社は現在も博多湾から出港する船舶の守護神として信仰されている。

福岡県福岡市東区志賀島877

仲哀天皇が最期を迎えた宮跡

香椎宮

かしいぐう

三韓征伐の拠点となった宮跡

14代仲哀天皇と神功皇后は九州の熊襲征討のために西へ進み、山口県下関市の穴門豊浦宮《あなととゆら》で7年滞在したのちに、博多平野に橿日《かしひ》（香椎）宮を置いた。

ところが、仲哀天皇が住吉三神の神託に従わなかったため、わずか1年で亡くなってしまった。神功皇后は神託に従い三韓征伐を成功させ、帰国後に仲哀天皇の霊廟を建立したのが香椎宮のはじまりとされる。

本殿の北東には仲哀天皇の仮宮「橿日宮」の伝承地（古宮跡）がある。近くには皇后が夫の棺を立てかけた椎の木（棺掛椎）もあり、芳しい香りが漂ったことから「香椎」という地名が生まれたといわれる。

境内にある御神木「綾杉」は、樹齢1800年以上とされ、神功皇后が植えたという伝承があり、植樹の際には三種の神宝を一緒に埋め、国家鎮護を祈願したという。香椎宮の近くには博多湾があり、古代から港として機能していた。

また神功皇后の航海を担当したのは、博多湾を本拠地とする安曇氏とされる。末社の御島神社は博多湾内の岩礁に鳥居が建てられた祠で、安曇氏の祖である綿津見三神を祀る。この地で、神功皇后は髪を洗い、男髪を結って神託を受けたと伝わる。神功皇后が男装となったことから、この地は、片男《かたお》佐《さ》海岸と呼ばれる。

❶本殿／「香椎造」と呼ばれる独特な造りの本殿は享和元年（1801）に再建されたもの。❷綾杉／樹齢約1800年の老杉で、神功皇后が根元に宝物を埋めて植樹したと伝わる。❸御島神社／香椎浜は、神功皇后が男装になった場所とされ、片男佐海岸とも呼ばれる。❹古宮跡にある「香椎」／「香椎」の名の由来となった椎の木で、香椎宮の跡地にある。

霊廟として信仰された聖地

三韓征伐の際、神功皇后は15代応神天皇を宿していたが、「月延《つきのべ》石」や「鎮懐《ちんかい》石」と呼ばれる卵形の石をさらしに巻いてお腹を冷やし、出産を遅らせたと伝わる。この石は三つあり、長崎県壱岐市の月讀神社、京都府西京区の松尾大社の摂社・月読神社、福岡県糸島市の鎮懐石八幡宮に奉納したといわれている。

壱岐は朝鮮半島の中継地であり、京都の月読神社は壱岐の月讀神社から勧請された神社である。また福岡県糸島市は、『魏志』倭人伝で外交官が置かれた伊都《いと》国があった地であり、唐津湾も古代の港として機能した。

44代元正天皇の時代の養老7年（723）、神功皇后の神託によって、香椎宮の社殿が造営され、神亀元年（724）に完成し、神功皇后の廟もあわせて建立された。両廟合わせて「香椎廟」と呼ばれ、皇室の宗廟として高い格式を誇った。香椎宮が廟から神社へと性格が移行したのは、10世紀以降と考えられる。仲哀天皇と神功皇后の子である応神天皇は、のちに国東半島に現れた八幡神とされることから、香椎宮は八幡神の親神としても信仰された。

福岡県福岡市東区香椎4-16-1

丹の採掘と精製を行った丹生氏の氏神

丹生都比売神社

にうつひめじんじゃ

丹生都比売と熊野にいた女性首長

丹生都比売神社の祭神は4柱で、丹生都比売《にうつひめ》を筆頭に、子の高野御《たかのみ》子《こ》大神、食物の神・オオゲツヒメ（気比明神）、航海の神・イチキシマヒメとなっている。社伝によると、祭神の丹生都比売はアマテラスの妹・ワカヒルメとされ、紀の川流域を巡幸して、農耕や機織りを広めたのちにこの地に鎮まったと伝えられる。

「丹」とは辰砂と呼ばれる鉱石で、朱や水銀を生成できる。朱はヤマト王権において古墳の石室の装飾に用いられた。熊野地方には「丹」の名称がつく地が多くあり、古代からの丹の産出地だったと考えられる。

丹生都比売神社は、こうした辰砂を採掘・精製する丹生氏の氏神とも考えられる。また熊野の地には、名草戸畔《なくさのとべ》や新城《にいき》戸畔といった女性首長が登場する。「戸畔」とは古代の女性首長の称号である。ちなみに名草戸畔は紀の川の下流を治めていた。丹生都比売もまた、この地の女性首長が神格化されたものとも考えられる。

高野山開創前の地主神

『播磨国風土記』逸文には、神功皇后が朝鮮半島に渡る際に、丹生都比売大神が神託を下し、丹を授けたとある。神功皇后がこの丹で、

❶鏡池／水銀は不老不死の薬と信じられたことから、800歳を超えて生きたという八百比丘尼伝承がある。水銀は実際には猛毒である。鏡池には八百比丘尼が宝鏡を沈めたと伝えられる。❷禊橋／禊川に架かる禊橋の欄干にある擬宝珠には、祓い幣と辰砂が納められている。❸本殿／丹生都比売、高野御子大神、オオゲツヒメ、イチキシマヒメをそれぞれ祀る4棟の本殿となっている。文明元年（1469）の建立で国の重要文化財となっている。❹三谷坂の笠石／三谷坂は高野山の参詣道の一つで丹生都比売神社に向かう勅使が通ったことから勅使坂とも呼ばれる。笠石は故人を供養する石製の塔婆である。

船や軍装を赤く塗ったところ、海の魚や海上の鳥たちが船を導き、三韓征伐を達成できたという。この時、用いられた丹の産出地は、兵庫県神戸市の丹生山《たんじょう》とされ、山上には丹生都比売神社から勧請された丹生神社が創建されている。こうした貢献からか、丹生都比売神社に伝わる『丹生祝《ほおり》氏文』には、15代応神天皇が紀伊山地北西部一帯を神領として寄進し、社殿を造営したという。

　この神領の領域には高野山も含まれていた。空海が高野山を開く際には、高野御子大神が白犬と黒犬を連れた狩人の姿で現れ、道案内をしたと伝えられる。そのため高野御子大神は狩場《かりば》明神とも呼ばれる。

『延喜式』神名帳には、一座となっていることから、もともとは丹生氏の祖神である丹生都比売を祀る神社だったと考えられる。高野山の発展とともに狩場明神の信仰が生まれたのだろう。オオゲツヒメとイチキシマヒメは鎌倉時代にともに気比神宮と厳島神社からそれぞれ勧請されたと伝わる。

　高野山の壇上《だんじょう》伽藍《がらん》にある御社《みやしろ》には、丹生都比売神社の祭神が祀られているが、弘仁10年（819）に空海が高野山を開くにあたり、地主神として丹生都比売と高野御子大神を勧請したと伝えられる。

和歌山県伊都郡かつらぎ町上天野230

神功皇后と安曇氏を合わせ祀る

宮地嶽神社

みやじだけじんじゃ

日本最大級の古墳石室としめ縄

社伝によると、神功皇后が三韓征伐へ出発する前に宮地嶽（標高約180・7メートル）に登り、山頂から大海原を望む場所に祭壇を設けたことがはじまりと伝わる。その後、神功皇后を祭神として神社が創建され、神功皇后に同行した勝村大神と勝頼大神も合わせて「宮地嶽三柱大神」として祀っている。

勝村大神と勝頼大神は、三韓征伐で航海を担った安曇氏の長である。神功皇后は、琵琶湖東岸を本拠地とした息長氏の出身であり、海上交易を行ってきた。そのため、北部九州の安曇氏とも関係が深かったと考えられる。

本殿の裏手にある宮地嶽古墳は、6世紀末に造営された直径約30メートルの円墳で、巨岩を用いた横穴式石室は長さ約23メートルで、全国2位の大きさを誇る。ここからは馬具、太刀、ガラス玉といった副葬品が出土し、国宝に指定されている。これらの出土品には金が多く用いられており、北部九州の首長クラスの墳墓だったと考えられる。

宮地嶽の山麓に鎮座する宮地嶽神社は、社殿から海岸へ一直線に延びる参道が知られている。季節によっては、この参道の延長線上に夕日が沈み、多くの人々が訪れる。宮地嶽神社は今も多くの人に信仰され、重さ約3トンの日本最大級の大しめ縄は、氏子1500人によって調製される。

福岡県福津市宮司元町7－1

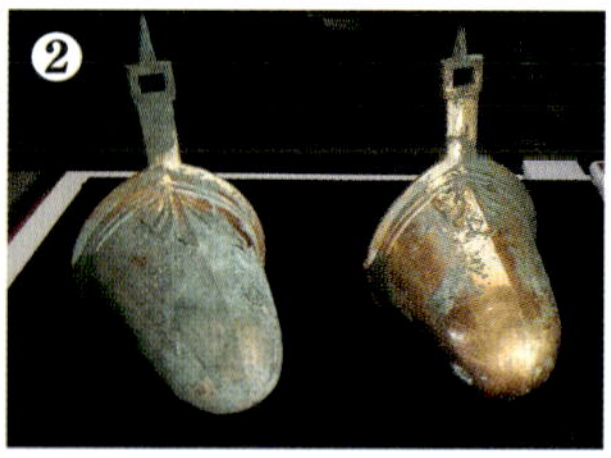

❶参道／2月下旬と10月下旬には、玄界灘に向かってまっすぐに伸びる参道の延長線上に夕日が沈む絶景が望める。❷金銅壺鐙（宮地嶽神社 所蔵）／本殿の奥にある宮地嶽古墳の横穴式石室から出土した副葬品で、金銅製の馬具である。❸大しめ縄／日本最大級のしめ縄で、直径約2.6メートル、長さ約11メートルある。

❶社殿／現在の社殿は、元和9年（1623）に黒田長政によって再建されたもの。住吉三神とともにアマテラス、神功皇后の5柱の神々を祀る。❷功徳池／かつての海岸線は今よりも内陸にあり、住吉神社の前に博多湾があったと考えられ、往時を忍ばせる池が設けられている。❸参道／社伝では、住吉神社の境内地は、住吉三神が誕生した阿波岐原があった場所ともいわれる。

博多平野の中央に鎮座する古社

住吉神社

すみよしじんじゃ

三韓征伐前の創建と伝わる最古の住吉社

筑前国一宮である住吉神社は住吉三神を祀り、全国にある住吉神社の最初の神社とされる。住吉三神は、イザナギが黄泉帰り後に行った禊によって生まれた神であり、社伝によると、イザナギが禊を行った阿波岐《あわき》原があったのが、この地だったと伝わる。『延喜式』神名帳に記載がある各地の住吉神社の鎮座地は、瀬戸内海沿岸と北部九州、壱岐、対馬で、大陸と畿内を結ぶ発着地や中継地にある。

『日本書紀』では、三韓征伐後、住吉三神は再び神功皇后に神託し、穴門豊浦宮があった穴戸の山田邑に住吉三神の荒魂を祀る住吉神社（山口県下関市）と、和魂《にぎみたま》を祀る住吉大社が創建されたとある。

『日本書紀』では朝鮮半島遠征前に、住吉三神を祀る記述がある。住吉三神は神功皇后に、「和魂は神功皇后の側でその身を守り、荒魂は先鋒とって軍船を導く」と神託した。これを受けて神功皇后は、オタルミという人物に神祀りをするように命じた。住吉神社の社伝では、この時に創建されたのが筑前国一宮の住吉神社であり、そのほかの住吉神社は帰国後の創建のため、日本で最初の住吉神社としている。

古代の博多湾は今よりも内陸にまで広がっており、住吉神社は海岸に面して鎮座していたと考えられる。そのため、古代の博多湾の守護神だったと考えられる。

福岡県福岡市博多区住吉3-1-51

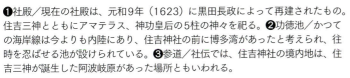

❶拝殿と本殿／手前にある拝殿の奥に、幣殿と祝詞殿があり、本殿と接続している。❷参道と鳥居／出石神社は出石盆地の東縁に位置し、境内地は約2万2000平方メートルある。❸禁足地／境内の北にある約1000平方メートルの禁足地はアメノヒボコの霊廟があった地とも伝えられる。

新羅から来日した王子を祀る

出石神社

いずしじんじゃ

古代日本に珍しい新羅系氏族

但馬国（兵庫県北部）一宮で、新羅の王子であるアメノヒボコと、携えていた八つの神宝の神霊・伊《い》豆志八前《ずしやまえ》大神を祀る。ヤマト王権誕生後、朝鮮半島や中国から多くの渡来人が来日した。

古代氏族の出自を記した9世紀前半の『新撰姓氏録《しんせんしょうじろく》』には、1182の氏族が載っているが、そのうち326氏が渡来系氏族である。ヤマト王権と結びつきが強かったのは主に百済で、新羅系の渡来人は珍しい。

『播磨国風土記』には、アメノヒボコが妻・アカルヒメを追って日本に渡来し、土着の神と激しく争ったことが記されている。土着神は渡来神の上陸を拒否し、海上に留まるよう牽制するが、アメノヒボコは剣で海水を攪拌《かくはん》して対抗した。これを見た土着神は急いで丘に登り、食事をした。これは領有を宣言する意味があったと考えられる。

隣国の播磨国（兵庫県南部）では、土地の人々と衝突があったことがうかがえるが、一方、出石神社の社伝ではアメノヒボコは各地を巡ったのちに但馬国に定住し、先進技術を用いて、土地の開削や治水事業に取り組み、但馬地方を豊かな穀倉地帯に変えたという。隣国の播磨国では土地の人々との衝突が描かれているのに対して、但馬国にやってきたアメノヒボコは開拓神となったのである。

兵庫県豊岡市出石町宮内99

神話に記された道後温泉の地に創建

伊佐爾波神社

いさにわじんじゃ

道後温泉にある古社で、『伊予国風土記』逸文には、オオクニヌシが重病のスクナヒコナを快癒させた温泉として道後温泉が記されている。伊佐爾波神社はこの道後温泉に鎮座する神社で、湯月八幡宮や道後八幡とも呼ばれた。56代清和天皇の時代に僧侶・行教によって創建され、この地は14代仲哀天皇と神功皇后が一時的に滞在した行《あん》宮《くう》跡と伝える。

愛媛県松山市桜谷町173

仲哀天皇の殯所となった地

忌宮神社

いみのみやじんじゃ

『日本書紀』14代仲哀天皇と神功皇后が九州の熊襲征討のために遠征した際に、穴門豊浦宮で7年間滞在したことが記されている。忌宮神社はこの穴門豊浦宮の跡地に創建されたと伝えられる。忌宮は清浄な宮の意味である。仲哀天皇が亡くなると穴門豊浦宮に遺体が運ばれ、殯《もがり》の宮（一時的な安置所）となった。

山口県下関市長府宮の内町1-18

神功皇后ゆかりの宝鏡

唐津神社

からつじんじゃ

14代仲哀天皇が亡くなったのち、神功皇后は朝鮮半島へと遠征を計画する。しかし、海路がわからないために、住吉三神に祈願して無事、三韓征伐を成功させた。帰国した神功皇后が、松浦の海浜に鏡を奉斎したと伝わる。天平勝宝7年（755）、領主・神田宗次が神託を受けて海浜を探したところ、この宝鏡を発見し祀ったことが創建とされる。

佐賀県唐津市南城内3-13

山に変化した神功皇后の船

武雄神社

たけおじんじゃ

祭神の武内宿禰は5代の天皇と神功皇后に仕えた大臣である。社伝では、神功皇后が三韓征伐から帰国した際に武雄の地に船を止めると、御《み》船《ふね》山に化したとされる。神功皇后を守護した住吉三神は船の艫《とも》（船尾）の部分に当たる御船山の南嶽に鎮まったと伝わる。天平7年（735）、初代宮司となった伴行頼の夢に武内宿禰が現れて創建されたという。

佐賀県武雄市武雄町大字武雄5327

壱岐に創建された最初の住吉神社

住吉神社

すみよしじんじゃ

神功皇后が三韓征伐を行ったルート沿いには、海上交通を守護した住吉三神が祀る神社が多く創建された。壱岐にある住吉神社もその一つで、大阪、下関、福岡の住吉神社とともに「日本四大住吉」と呼ばれる。神功皇后は帰路に住吉三神を奉斎したことから、壱岐の住吉神社は、「日本初の住吉神社」ともいわれる。

長崎県壱岐市芦辺町住吉東触470-1

国境を守護する海神の社

海神神社

わたつみじんじゃ

三韓征伐を終えた神功皇后が、帰路に新羅を征討した証として旗八流（8本の旗）を対馬のこの地に奉斎したのがはじまりとされる。その後、旗は現在の木坂山（伊豆山）に移されたことから、「木坂八幡宮」と称されるようになった。16代仁徳天皇の時代には攻めてきた異国の軍船を、木坂山から発生した奇雲と強風によって沈めたという伝承が残っている。

長崎県対馬市峰町木坂247

息長氏の本拠地にある氏神

山津照神社
やまつてるじんじゃ

滋賀県米原市能登瀬390

神功皇后の出身氏族である息長《おきなが》氏の祖神・クニノトコタチを祀って創建されたと伝えられる。鎮座地の近江国坂田郡（滋賀県米原市）は、息長氏の本拠地だったとされ、全長約46・2メートルの山津照神社古墳（写真）がある。

琵琶湖西岸に鎮座する古社

白鬚神社
しらひげじんじゃ

11代垂仁天皇の時代にヤマトヒメによって創建されたと伝わる。息長氏の本拠地である坂田郡の対岸に位置し、琵琶湖上に大鳥居が立つ（写真）。鎮座地は15代応神天皇の五世孫である26代継体天皇の父の出身地でもある。

滋賀県高島市鵜川215

宮中に祀られていた土地の守護神

坐摩神社
いかすりじんじゃ

『古語拾遺』によると、祭神は初代神武天皇が即位した際に宮中に奉斎された神で、「イカスリ」は土地や住居を守護する「居所知《いかしり》」が転じたとされる。神功皇后が帰国後に、淀川南岸に奉斎したのが起源とされる。

大阪府大阪市中央区久太郎町4丁目渡辺3号

神功皇后に抵抗した忍熊王を祀る

劔神社
つるぎじんじゃ

14代仲哀天皇の第二皇子・忍熊王の夢に現れたスサノオが神剣を授けたことから創建されたと伝わる。忍熊王は、神功皇后の子の15代応神天皇の異母兄で、三韓征伐後に反乱を起こしたことから征討された。

福井県丹生郡越前町織田110-1

武内宿禰が昇天した地

宇倍神社
うべじんじゃ

武内宿禰は、360歳もの長寿と伝えられる。宇倍神社の境内には、武内宿禰が履物だけを残してその身を隠した（昇天した）と伝わる双履石《そうり》が残る。その霊跡に大化4年（648）に創建された。

鳥取県鳥取市国府町宮下651

神功皇后を救った謎の神

高良大社
こうらたいしゃ

社伝によると14代仲哀天皇の時代に異国の兵が攻めてきた。そこで神功皇后が四王子嶺に登り祈願したところ、住吉三神とともに高良玉《こうらたま》垂命《たれのみこと》が降臨した。高良玉垂命は記紀に登場しない地主神で、異国兵を征討した神功皇后は高良山に奉斎したと伝わる。

福岡県久留米市御井町1

丹波と但馬のつながりを示す古社

粟鹿神社
あわがじんじゃ

祭神の1柱である日子坐王《ひこいます》は9代開化天皇の第三皇子で、『古事記』には10代崇神天皇の時代に丹波国に派遣され、この地の豪族を討ったとある。丹波と但馬は、氷上《ひかみ》回廊と呼ばれる道で結ばれ、古代の交易路だった。

兵庫県朝来市山東町粟鹿2152

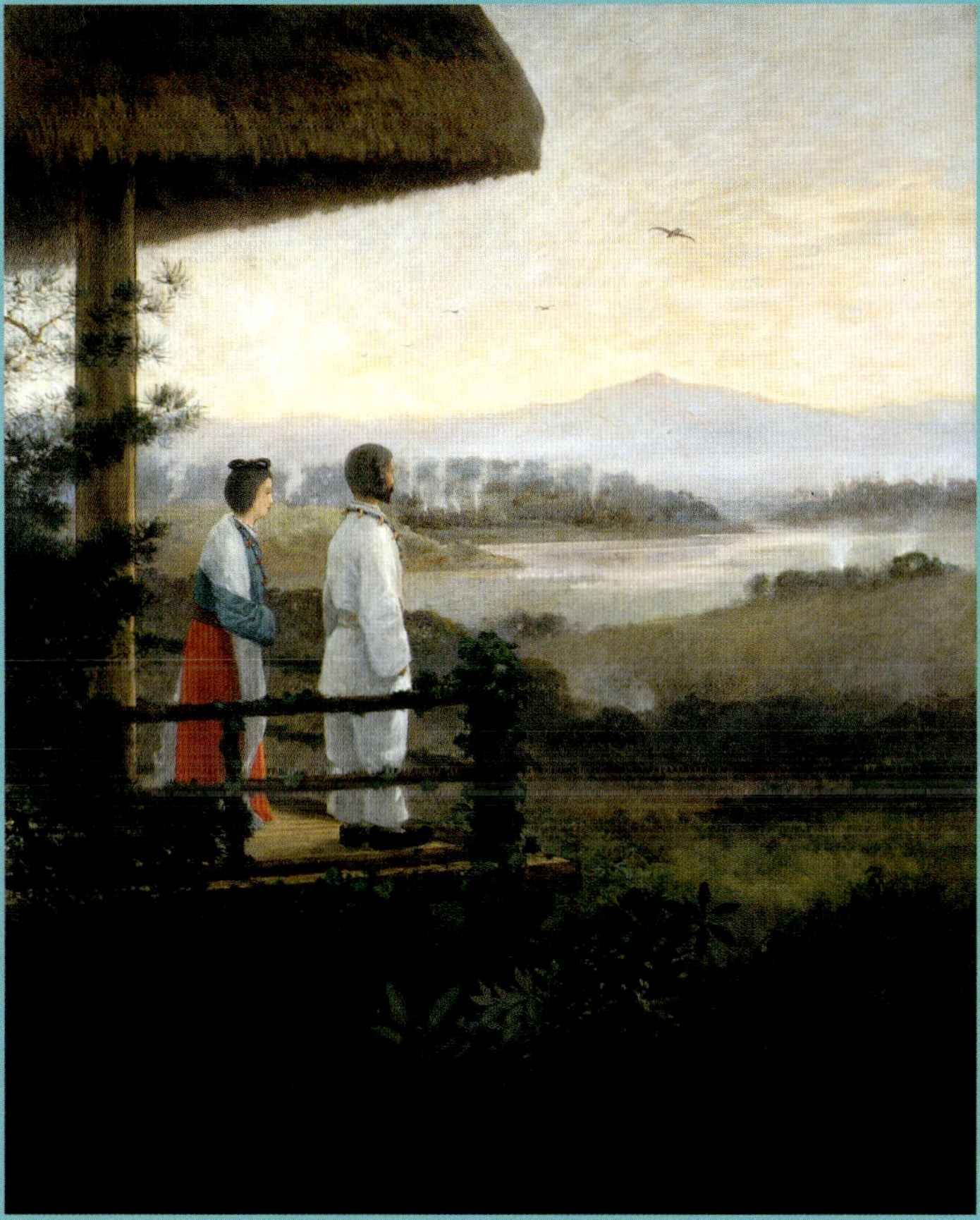

第6章 倭の五王の時代

5世紀に入るとヤマト王権は積極的に外交を展開するようになった。中国の歴史書に「倭の五王」と呼ばれる5人の大王が中国の皇帝に使者を送り、授爵を受けている。中国や朝鮮半島との交流によって多くの技術が日本にもたらされ、巨大古墳が全国各地に造営されるようになった。

「仁徳天皇」松岡 寿 画　神宮徴古館 所蔵

丹後にある伊勢神宮の元宮

籠神社

このじんじゃ

内宮と外宮の元伊勢となる

籠神社の社名は、主祭神のヒコホアカリが竹で編んだ籠船で海神の宮にいった伝承に由来する。ヒコホアカリは、天孫ニニギの兄・ホアカリのことで、『先代旧事本紀』ではニギハヤヒと同神とする。ホアカリは尾張氏の祖でもあるため、丹波国造家である海部氏は尾張氏と同系統の一族とも考えられている。

社伝によると、籠神社は奥宮の眞名井《まない》神社がある眞名井原に食物の神・トヨウケを祀ったことにはじまり、古くは匏《よさ》宮と呼ばれていた。奥宮には、古代の祭祀形態である磐座が残り、縄文時代の遺物や弥生時代の祭祀道具などが出土していることから、古くから聖地だったことがわかる。

このトヨウケが21代雄略天皇の時代に神託によって伊勢神宮の外宮に祀られることになった。そのため、外宮の元伊勢（元宮）ということになる。

さらに11代垂仁天皇の時代には、ヤマトヒメがアマテラス（八咫鏡）を祀る地を探して各地を巡行したが、『倭姫命世記』には、「吉《よ》佐《さ》宮」の名があり、この地に4年間、アマテラスが祀られたことが記されている。つまり、籠神社は内宮と外宮の両方の元伊勢ということになる。

籠神社の本殿は、伊勢神宮と同じ神明造で、心御柱や棟持《ひなもち》柱がある。高欄上にある青・黄・赤・白・黒の5色の座玉《すえたま》は、伊勢神宮と籠神社にしか見られない特徴である。

1

❶拝殿／ヒコホアカリを主祭神に、アマテラス、トヨウケ、海神、水分神を相殿に祀る。❷天橋立／籠神社の境内の前にあり、古代においてはラグーンを形成し、天然の良港として機能した。❸冠島・沓島遥拝所／若狭湾にある冠島と沓島を遥拝する場所で、籠神社の海の奥宮とされる。❹磐座主座／奥宮の眞名井神社の裏手には多くの磐座が残っており、籠神社の信仰の原点と考えられている。

氷上回廊でつながる日本海と瀬戸内海

籠神社の前には、日本三景の一つに数えられる天橋立《あまのはしだて》がある。天橋立は、全長約3・6キロの湾口砂州で、潟《せき》湖（ラグーン）を形成し、天然の良港として機能した。この地域は古代にはタニハと呼ばれる地域で、ヤマト王権に協力した豪族が統治していた。日本海側は出雲勢力が交易圏を築いていたが、タニハには出雲発祥の四隅突出型墳丘墓が築かれず、独自の勢力を維持した。

西日本は山脈が背骨のように東西に延びているために、日本海側から瀬戸内海側に向かうためには山越えをしなくてはならない。これに対して、タニハから播磨の間は、本州で最も低い分水嶺となっており、氷上回廊と呼ばれる古代の物流路になっていた。籠神社がトヨウケの故郷となったのは、多くの文物をもたらす地だったからだろう。

『丹後国風土記』には、天橋立はイザナギが天上世界との行き来のためにつくったハシゴが倒れたものとある。イザナギは淡路島のローカルな神だったともいわれるが、タニハと淡路島は氷上回廊でつながっていたことが影響した伝承と考えられる。

京都府宮津市字大垣430

5世紀の主要港に鎮座した古社

生國魂神社

いくくにたまじんじゃ

難波津があった地に創建される

祭神の生島神《いくしま》と足島神《たるしま》は記紀に登場しない謎の神だが、『延喜式』神名帳では、宮中で祀られる神々として記載がある。生島神は国土に住む万物に生命力を与える神、足島神は国土に住む生物に満足を与える神とされる。生島神は生國魂神、足島神は足国魂神とも呼ばれる。

社伝によると、神武東征でイワレヒコが難波津に到着した際に、生島神と足島神を祀ったのがはじまりと伝えられる。難波津は上町台地の先端にあり、この地にはのちに難波宮が置かれた。5世紀になると倭の五王と呼ばれた大王たちが中国と積極的に外交を展開するが、その拠点となったのが難波宮である。

戦国時代に上町台地の先端に大坂城が造営されることになり、生國魂神社の境内地が寄進され、天正13年（1585）に現在地に遷座されたという。

『日本書紀』には、乙巳《いっし》の変によって645年に即位した36代孝徳天皇が、仏教を重んじ、神道を軽んじたため、生國魂神社境内の木を伐ったことが記されている。そのため、7世紀以前にはすでに鎮座していたことがわかっている。また33代推古天皇の時代の598年に新羅から持ち帰られた鵲《かささぎ》2羽が「難波社」で飼ったことが記されている。この難波社が生國魂神社とする説もある。

大阪府大阪市天王寺区生玉町13-9

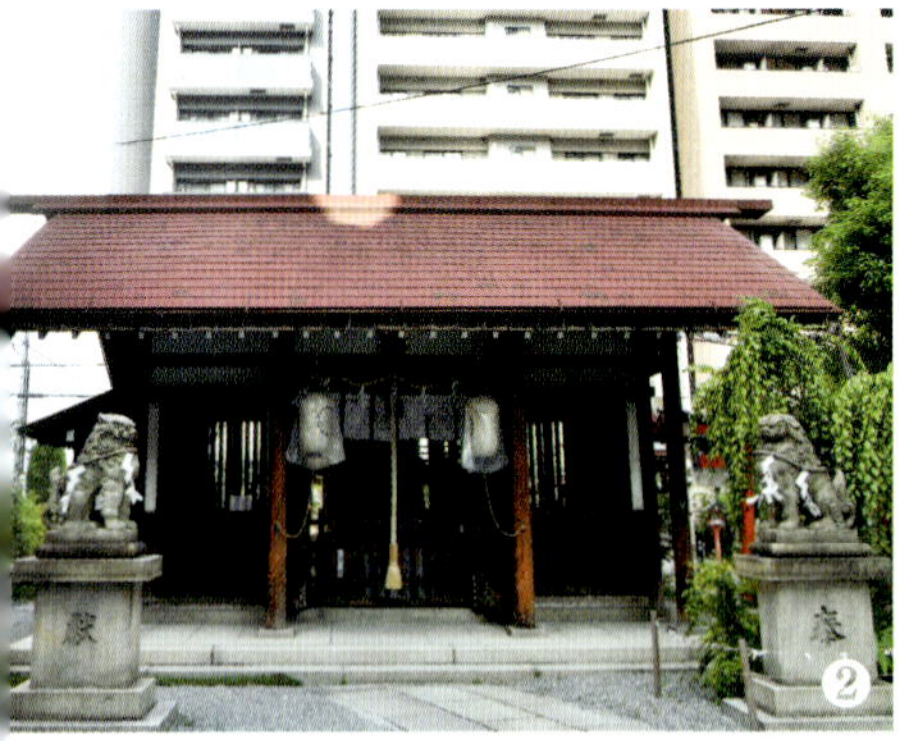

❶拝殿／豊臣秀吉が大坂城を築城するため、生國魂神社は天正13年（1585）に現在地に遷座された。❷御旅所／生國魂神社の旧社地と伝えられ、大坂城の大手門近くにある。生國魂祭では神輿が御旅所に渡御する。❸上町台地／先端部分にある大坂城の位置に難波宮や生國魂神社があった。かつてはこの台地の左手に大坂湾、右手に河内湾が広がっていた。

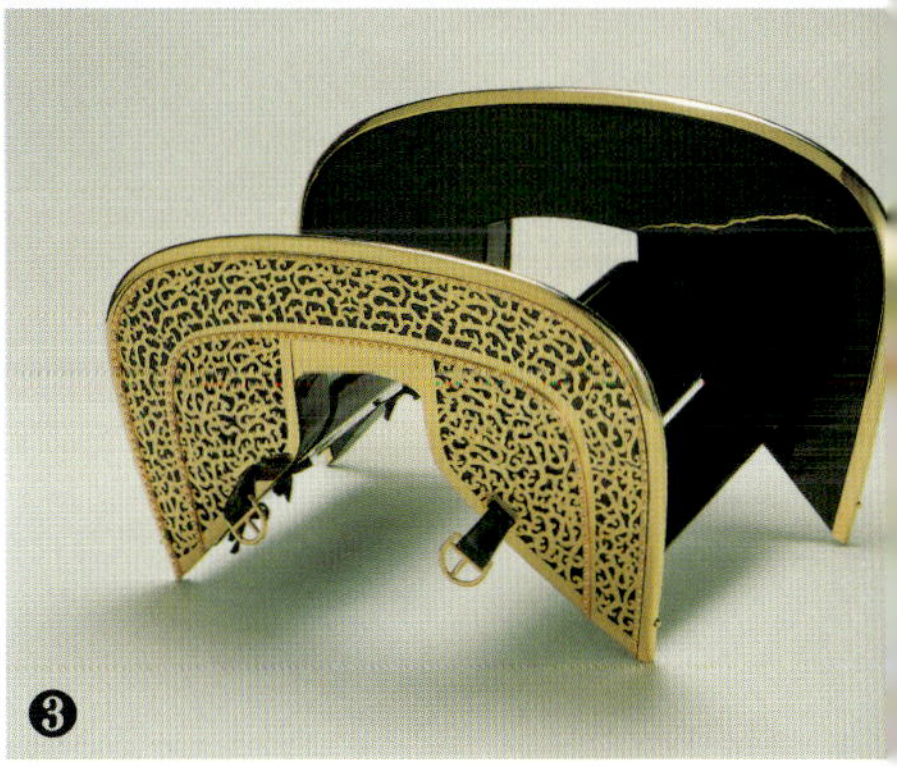

❶拝殿／誉田御廟山古墳は応神天皇陵に比定されているため、宮内庁の管轄となっている。現在の境内は後円部の前にある。❷誉田御廟山古墳／古市古墳群にあり、体積では国内最大、墳丘長では国内第2位の規模を誇る。❸金銅製鞍（復元模造品、大阪府立近つ飛鳥博物館 所蔵）／誉田御廟山古墳の陪塚・誉田丸山古墳から出土した馬具で、唐草模様の透かし彫りが施されている。

日本最大級の古墳に創建

誉田八幡宮

こんだはちまんぐう

応神天皇陵の墳丘上にあった社殿

15代応神天皇陵とされる誉田《こんだ》御廟山《びょうやま》古墳の前に鎮座しており、応神天皇を祭神としている。応神天皇は、誉田別《ほんだわけ》という名も持っており、これは生まれながらに腕に「ホムタ（弓を用いる際に腕につける道具）」のような特徴があったためである。三韓征伐中の神功皇后の胎内にいながら神威を発揮したと伝えられる。

古墳は単なる墓ではなく祭祀場でもあった。墳丘長では16代仁徳天皇陵である大仙古墳が国内で最大（約486メートル）だが、誉田御廟山古墳は体積で日本最大で、墳丘長でも大仙古墳に次ぐ2位（約425メートル）である。

社伝によると559年に29代欽明天皇によって後円部の墳丘上に社殿が造営されたと伝えられる。江戸時代の『河内名所図会』には、墳丘長に奥宮があり、現在の境内地から参道と階段が設けられていた様子が描かれている。

応神天皇は、倭の五王の1人である「讃《さん》」とする説があり、記紀には多くの渡来人を徴用したことが記されている。5世紀になると、大陸からもたらされた馬の生産も開始された。誉田御廟山古墳の陪塚（付属する小型の古墳）から、精緻な唐草模様の透かし彫りが施された金銅製の馬具が発見されている。八幡神は天皇家の祖先神であることから、誉田八幡宮は皇室の宗廟として信仰された。

大阪府羽曳野市誉田3-2-8

貴船神社

京都の水源を守護する水神を祀る

きふねじんじゃ

鴨川の上流に鎮座する水神

京都市内を流れる鴨川の水源の一つである貴船川の上流に鎮座しており、タカオカミを祀る本宮と奥宮、イワナガヒメを祀る結社《ゆいのやしろ》の三社で構成される。タカオカミはイザナギの子で水を司る神である。イワナガヒメは山の神・オオヤマツミの娘で、岩の女神である。

社伝によると、18代反正天皇の時代に初代神武天皇の母・タマヨリヒメが難波津に現れ、黄色い船で淀川から鴨川に入り、さらに貴船川をさかのぼって、奥宮の地にタカオカミを祀ったのがはじまりとされる。40代天武天皇の時代の666年に社殿を造替した記録があることから、7世紀にはすでに神社の形態を持っていた。

「貴船」という社名は、タマヨリヒメが乗っていた「黄船」に由来する。奥宮の境内には、この黄船と伝えられる霊跡が残っている。

水神は龍神信仰と結びついたことから、貴船神社の水神も龍とされた。そのため、奥宮の本殿の真下には「龍穴」と呼ばれる穴があり、決して見てはいけないといわれている。

奥宮にはタカオカミとともに同じ水の神であるクラオカミも祀ったとも伝わる。タカオカミとクラオカミは水の神であり、タカオカミは水を供給する山上の水神、クラオカミは谷底の水神とされる。天喜3年（1055）に洪水によって奥宮が損壊したために、奥宮

❶本宮前の参道／春日灯篭が並ぶ石段の先に本宮があり、奥宮より700メートルほど下流に鎮座している。❷奥宮／貴船神社が創建された地とされ、本殿の直下には龍神が棲むといわれる龍穴があると伝わる。❸御船形石／タマヨリヒメが乗っていた黄船は、人目に触れないように石で包み囲んだと伝えられる。❹結社の天磐船／イワナガヒメを祀る結社には、岩の女神に相応しく境内に磐座が残っている。

から700メートルほど下ったところに新たに本宮が建立された。

良縁を結ぶ イワナガヒメの信仰

結社に祀られるイワナガヒメは、ニニギの后となったコノハナノサクヤヒメの姉である。記紀では、イワナガヒメは妹とともにニニギに嫁ぐはずだったが、岩の女神のため容姿が醜く、帰されてしまったと伝えられる。社伝によると、イワナガヒメは自分のような思いをしないように、人々の良縁を授けるためにこの地に鎮まったと伝わる。

11世紀の歌人・和泉式部は結社に参詣したと伝わる。当時の夫婦は夫が妻の家を訪れる通い婚だった。足が遠のいた夫・藤原保昌の心を取り戻すため、和泉式部は結社で歌を捧げて祈ったところ、再び夫が通うようになったという。

貴船神社は絵馬の発祥地ともいわれる。稲作が社会基盤だった日本では、水は収穫を左右する重要なものだった。そのため日照りの際には祈雨を、長雨の際には止雨を祈願した。その際、祈雨では黒馬を、止雨では白馬を奉納したが、やがて馬を描いた木版を納めるようになったという。

京都府京都市左京区鞍馬貴船町180

皇位を譲り合った二皇子を祀る

宇治上神社

うじかみじんじゃ

応神天皇の宮があった宇治

15代応神天皇の離宮・桐原日桁《きりはらひげた》宮があった土地とされる地に鎮座する神社で、左殿に応神天皇の皇子・菟道稚郎子《うじのわきいらつこ》、中殿に15代応神天皇、右殿に16代仁徳天皇を祀る。仁徳天皇（オオサザキ）と菟道稚郎子は応神天皇の皇子である。弟の菟道稚郎子は百済の王仁《わに》や阿直《あち》岐《き》に学び、聡明だったことから応神天皇は、弟の菟道稚郎子に皇位を譲ろうとするが、菟道稚郎子はこれを辞退して兄に皇位を譲ろうとした。しかし、オオサザキも弟に即位を勧め、両者は3年にわたって皇位を譲り合った。天皇が定まらないために世の中が乱れたため、菟道稚郎子はこの地で自害し、兄を即位させたという。こうしてオオサザキは16代仁徳天皇として即位した。仁徳天皇は難波津がある地で、難波高津宮を本拠地に善政を行い、「聖帝」と崇められたという。

隣接する宇治神社には菟道稚郎子を祀っており、明治時代以前は、宇治上神社を「上社」「本宮」、宇治神社を「下社」「若宮」と呼び、両社は一体だった。宇治神社の社伝では、菟道稚郎子の死を悼んだ仁徳天皇が宇治神社を創建したと伝わる。宇治上神社の創建年代は不明だが、『延喜式』神名帳には「宇治神社二座」と記載され、これが宇治上神社と宇治神社のことと考えられる。

記紀では、宇治は「菟道」と記

されているが、これは菟道稚郎子が河内国からこの地に向かう際に迷っていると、1羽の兎が現れて道案内をしたという伝承による。そのため兎は、宇治上神社と宇治神社の祭神の使いとされる。

日本最古の神社建築

永承7年（1052）、宇治上神社の前を流れる宇治川の対岸に平等院鳳凰堂が建立されると、宇治上神社は宇治の地主神として信仰され、平等院の支援を受けて社殿が整えられた。宇治上神社の本殿は、年輪年代測定法によって1060年頃の建立であることがわかり、日本最古の神社建築とされる。一間社流造りの三殿で構成され、建立以前の10世紀の木材も使われている。

貴重な文化財である本殿は、覆屋で保護されている。また拝殿は鎌倉時代に建造されたもので、鎌倉時代前期に伐採されたヒノキが確認されている。本殿と拝殿はともに国宝に指定されている。拝殿横には「清めの砂」と呼ばれる円錐の盛砂があり、祭事ではこの砂が撒いてお祓いをする。

京都府宇治市宇治山田59

❶拝殿と本殿（覆屋）／拝殿と本殿は国宝に指定されており、本殿は平安時代、拝殿は鎌倉時代の建造である。❷本殿／覆屋の中には、３棟の本殿が並列されており、両脇の二皇子の社殿が大きく、中央の社殿は小さい特徴的な形態になっている。❸清めの砂／円錐形に２つの立砂があり、祭事の際に境内を清めるために撒かれる。❹天降石／本殿東側にある霊石で、かつて本殿があった場所を示す岩とされる。

葛城氏の本拠地に鎮座

葛城一言主神社

かつらぎひとことぬしじんじゃ

権勢を誇った葛城氏の氏神

ヒトコトヌシを主祭神として祀り、葛城山の東麓に鎮座する。日本には口に出した言葉が現実世界に影響を与えるとする言霊《ことだま》信仰があるが、ヒトコトヌシは悪いことも善いことも一言でいい放つ言霊の神と考えられる。

ヒトコトヌシは葛城山の神とされ、この地を本拠とする葛城氏によって信仰された。葛城氏の祖とされる葛城襲津彦は神功皇后に仕えた人物で、朝鮮半島との外交を担当し、先進的な技術や文化を伝え、権力基盤とした。

葛城氏は、16代仁徳天皇に嫁いだ葛城氏出身の磐《いわ》之《の》媛《ひめ》は3代の天皇（17代履中・18代反正・19代允《いん》恭《ぎょう》）を産んだ。さらに仁徳から24代仁賢までの9代のうち、20代安康をのぞく8代が葛城氏の女性を后妃か母としている。

倭の五王の1人「武」とされる21代雄略天皇が葛城山中でヒトコトヌシに出会ってともに狩りをする物語が記紀に記されている。『古事記』では、天皇がヒトコトヌシに対して多くの献上品を捧げ、一方、『日本書紀』では天皇とヒトコトヌシが対等に近い立場で書かれている。権勢を誇った葛城氏だったが、雄略天皇によって謀反人をかくまった葛城円《つぶら》が討たれると衰退した。

記紀でのヒトコトヌシの記述は、雄略天皇と葛城氏の関係性を象徴しているとも考えられる。

奈良県御所市森脇432

❶拝殿／葛城氏の氏神であるヒトコトヌシを祀る。一言で願いを聞き遂げることから、参拝するまで山中で会話をしない「無言まいり」の風習がある。❷蜘蛛塚／初代神武天皇によって征討された土蜘蛛（従わない勢力）を埋めた塚と伝えられる。❸極楽寺ヒビキ遺跡（毎日新聞社 提供）／葛城山の高台にある5世紀の遺跡で、葛城氏の邸宅跡と考えられている。

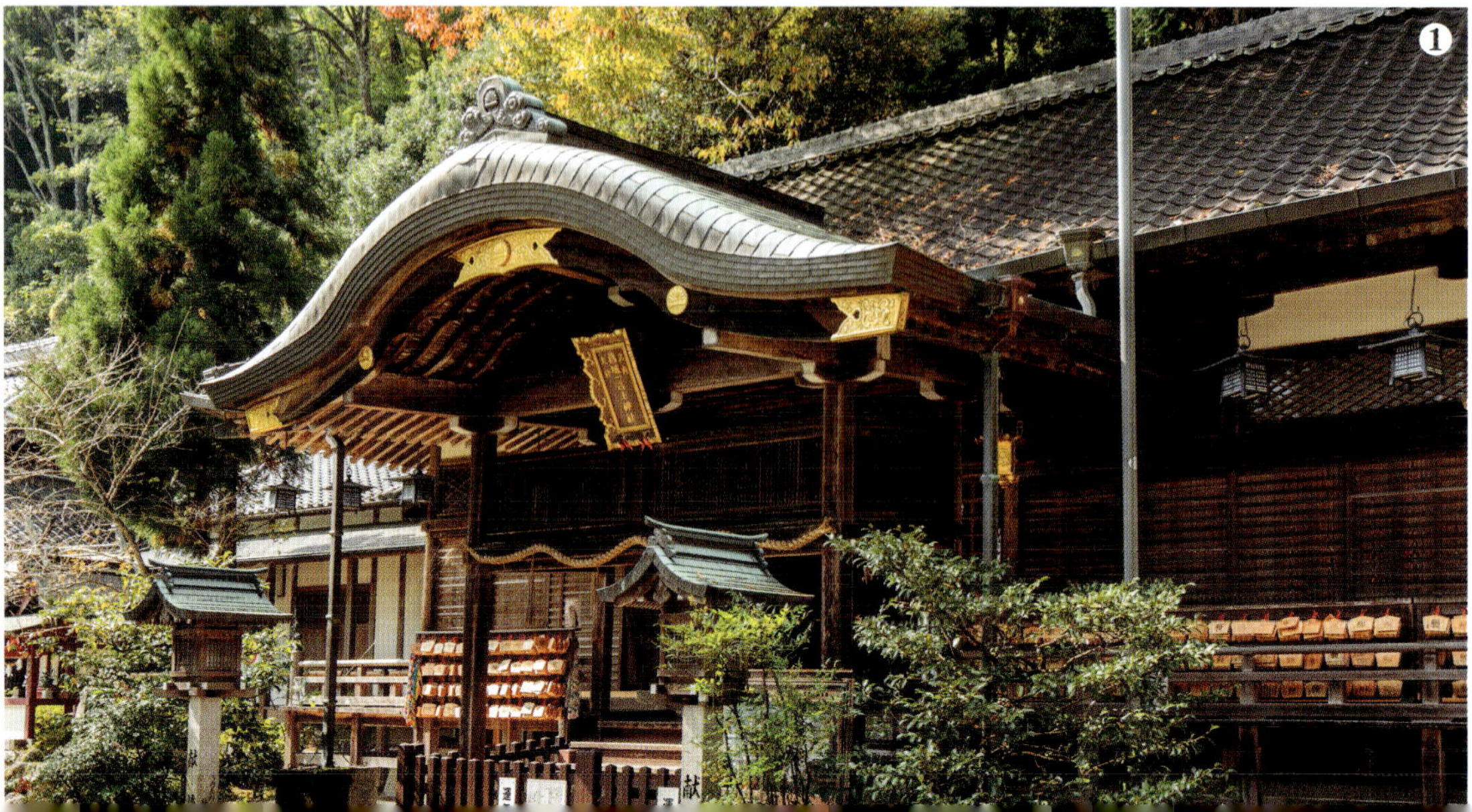

「埼玉」の県名の由来となった社

前玉神社

さきたまじんじゃ

高さ約8・7メートルの円墳・浅間塚古墳の墳丘上に鎮座しており、出雲族と考えられる前玉彦命《さきたまびこのみこと》とその妃を祀る。5世紀後半から6世紀前半の創建と考えられ、後背地にはさきたま古墳群があり、遥拝するように社殿が建立されている。この地域は、前玉郡と呼ばれ、「埼玉」の県名はこの前玉神社に由来している。

埼玉県行田市大字埼玉5450

後漢霊帝の末裔を祭神にする

於美阿志神社

おみあしじんじゃ

15代応神天皇の時代には多くの渡来人が来日した。祭神の阿知使主《あちのおみ》はその1人で、その後裔は東漢氏《やまとのあや》となった。阿知使主は後漢の霊帝の子孫とされ、東漢氏は大陸の製鉄技術を日本にもたらした。境内は東漢氏の氏寺・檜隈寺《ひのくま》があった地で、現在も十三重の石塔が残っている。また一説には、28代宣化天皇の盧入野宮《いおりの》があった地とも伝えられる。

奈良県高市郡明日香村檜前594

伊勢の氏族の祖神を祀る

多度大社

たどたいしゃ

社伝によれば21代雄略天皇の時代に創建されたと伝えられる。神体山とされる多度山（標高約403メートル）の山中には、多くの磐座が残っており、古代からの信仰地だった。祭神はアマテラスとスサノオが誓約《うけい》をした際に生まれたアマツヒコネで、天孫ニニギの叔父にあたる。『新撰姓氏録』では、アマツヒコネは桑名市周辺の氏族の祖となっている。

三重県桑名市多度町多度1681

外宮の神が祀られていたと伝わる

豊受大神社

とゆけだいじんじゃ

『止由気宮儀式帳』によると、伊勢神宮の外宮の創建は、21代雄略天皇の時代とされ、夢に現れたアマテラスが「丹波国の比治の真名井」に鎮座する御饌（神に備える食事）の神であるトヨユケを伊勢の地に祀るように告げたという。この丹波国のトヨウケが祀られていた元宮とされるのが、豊受大神社とされる。

京都府福知山市大江町天田内60

日本最古の堤防が築かれる

堤根神社

つつみねじんじゃ

祭神は初代神武天皇の第一皇子であるヒコイヤミミで、阿蘇の地を開拓したと伝わる。その子孫が、淀川の下流域を本拠地とした茨田氏《まんだ》である。『日本書紀』には、16代仁徳天皇の時代、淀川がたびたび氾濫を起こしたために茨《まん》田堤《だのつつみ》（写真）と呼ばれる堤防が築かれた。日本で最初の堤防と伝えられ、堤根神社はこの茨田堤に創建された神社である。

大阪府門真市宮野町8-34

神功皇后と応神天皇ゆかりの社

西寒多神社

ささむたじんじゃ

アマテラス、ツクヨミ、アメノオシホミミを祭神とする。『大分郡志』によると、神功皇后が三韓征伐から帰る途中に西寒多山（本宮山）を訪れ、白旗を立てたと伝わる。その後、15代応神天皇の時代に宰相の武内宿禰が祠を建てたのが創建とされる。本宮山の山頂付近には、西寒多神社の奥宮のほか、武内社や磐座が祀られる。

大分県大分市寒田1644

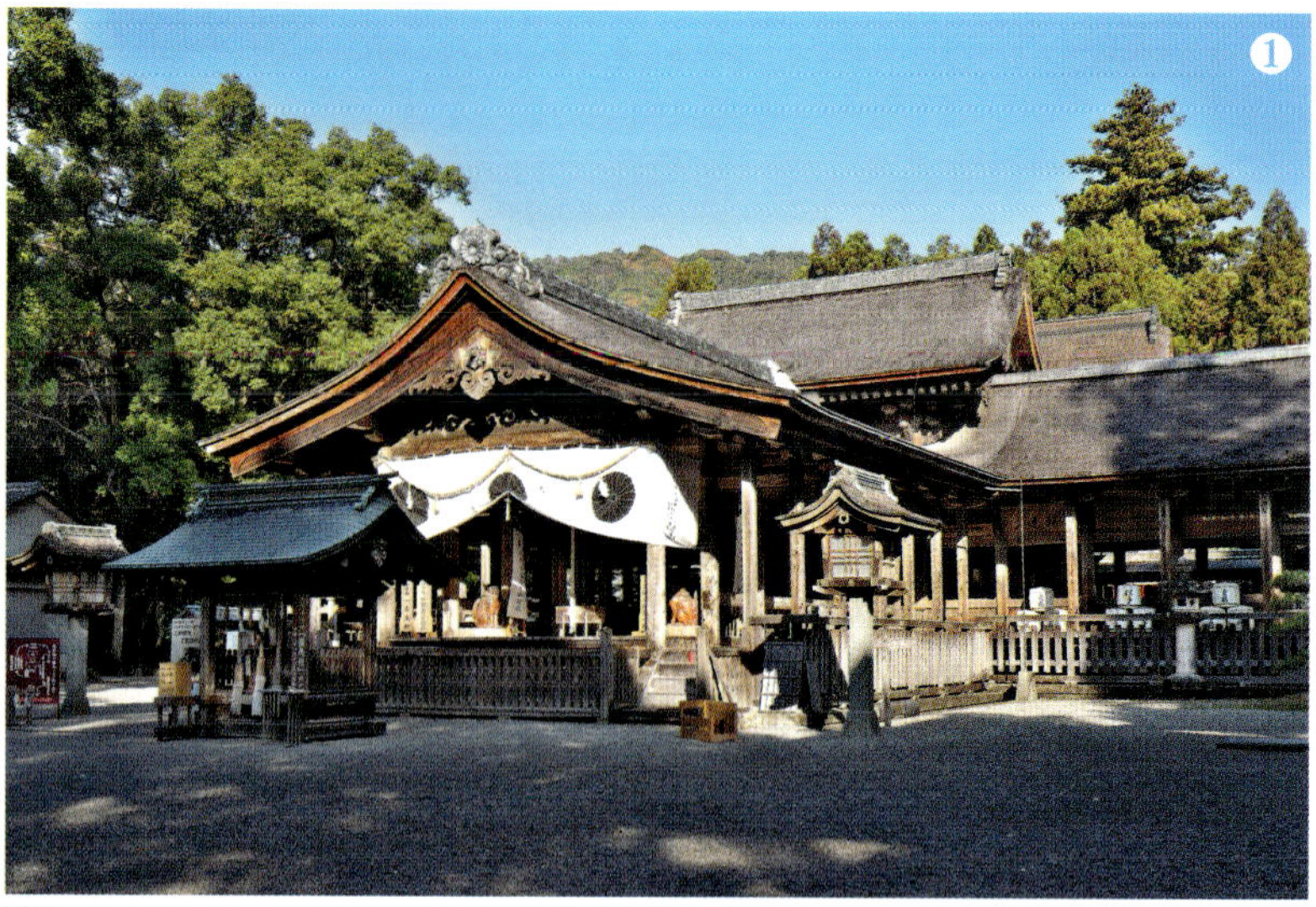

❶拝殿／継体天皇を祀り、令和13年（2031）には継体天皇1500年祭が予定されている。❷足羽山の継体天皇像／継体天皇は開拓神としての側面もあり、越前国の祖神として地域の人々から信仰されている。❸展望台／足羽山は標高約116メートルの孤立丘陵で、福井平野に小島のように浮かび、市街地を一望できる。

オオド王が天皇即位前に開拓した地

足羽神社

あすわじんじゃ

継体天皇を支えた北陸の本拠地

　祭神の26代継体天皇は、もともと近江から越前あたりを勢力圏とした有力者で、オオド王と呼ばれていた。オオド王は15代応神天皇五世の孫であり、ヤマト王権内に皇位継承者がいなくなったため継体天皇として即位した。「五世孫」は記紀においてたびたび登場し、天孫ニニギもアマテラスの五世孫にあたる。

　もう1柱の祭神である大宮地《おおみやどころ》之霊《みたま》は、建造物や土地の守護神であり、オオド王がこの地を開拓する際にまず大宮地之霊を足羽山に祀ったと伝わる。この地域には、オオド王が大規模な治水を行った伝承が残っており、これによって沼地だった福井平野は豊かな土地になったという。

　オオド王は、自ら開拓した北陸地方を離れるにあたって、引き続きこの地を守護するために自らの生御霊《いきみたま》を祀ったのが足羽神社のはじまりと伝えられる。周辺部では、4～6世紀に築造された古墳が数多く現存し、古代からの中心地だったと考えられる。

　527年には、九州勢力と新羅が秘密裏に同盟を結び、筑紫磐井《ちくしいわい》の乱が起きるが、この時、派遣された将軍が近江毛野《けの》という人物であり、その名から近江国（滋賀県）の豪族と考えられる。そのため、足羽神社がある越国を経由する日本海ルートで西に向かったとも考えられる。

福井県福井市足羽1－8－25

土佐国造の氏神を祀る

土佐神社
とさじんじゃ

祭神のヒトコトヌシは、『釈日本紀』によると、21代雄略天皇によって土佐に流されたと伝わる。ヒトコトヌシは賀茂氏（鴨氏）の祖神であり、ともに祀られているアジスキタカヒコネも大和国葛城の賀茂氏が祀っていた大和の神である。大和の賀茂氏が土佐国造となったことから、その氏神がこの地に祀られたと考えられる。

高知県高知市一宮しなね2-16-1

5世紀のヤマト王権で活躍した平群氏

平群坐紀氏神社（紀氏神社）
へぐりにますきしじんじゃ（きしじんじゃ）

一般的に紀氏神社と呼ばれ、初期ヤマト王権で大きな力を持った平群氏の祖・平群木菟《つく》を祀る。平群木菟は武内宿禰の子と伝わり、17代履中天皇の即位に貢献し、21代雄略天皇の時代に平群氏は隆盛した。平群谷古墳群は、5世紀後半から7世紀に造営された。平群氏の後裔は『日本書紀』の編纂にも携わっている。

奈良県生駒郡平群町上庄字辻の宮3

多くの后妃を出した和爾氏の氏神

和爾下神社
わにしたじんじゃ

5世紀から6世紀にかけて、奈良盆地東北部を統治した和爾氏の氏神で、現在の祭神はスサノオなどだが、もともとは和爾氏の祖神を祀っていたと考えられる。和爾氏は9代、15代、18代、21代、24代、26代の天皇に后妃を輩出しており、古代における有力豪族だったと考えられる。和爾下神社周辺には、赤土山古墳などの前方後円墳が造営された。

奈良県天理市櫟本町2490

福井平野を守護する河川の神

毛谷黒龍神社
けやくろたつじんじゃ

オオド王（26代継体天皇）が即位前に統治した越前国に創建された。オオド王は、黒龍川（九頭竜川）など3つの河川を治水して福井平野を開拓したのち、黒龍川を鎮めるために水や雨を司るタカオカミとクラオカミを祀ったのが、毛谷黒龍神社の創建と伝わる。和銅元年（708）には、継体天皇が合祀された。

福井県福井市毛矢3-8-1

26代継体天皇の出生地

田中神社
たなかじんじゃ

琵琶湖の西岸の滋賀県高島市に鎮座し、スサノオとその家族神を祀る神社である。田中郷の総鎮守であり、この地は26代継体天皇の出生地と伝わる。田中神社の近くには継体天皇の父・彦主人《ひこうし》王の陵墓とされる田中王塚古墳（写真）や継体天皇の胎盤を埋めたと伝わる胞衣《えな》塚のほか、継体天皇の父母を祭神としている三重生《みおう》神社がある。

滋賀県高島市安曇川町田中1881

26代継体天皇の母の出身地

三國神社
みくにじんじゃ

三國神社は26代継体天皇と山の神・オオヤマツミを祀る神社で、26代継体天皇の母・振媛《ふりひめ》の出身地である越前国三国（福井県坂井市）に鎮座する。『日本書紀』によると、振媛は11代垂仁天皇の七世孫とされる。継体天皇の父・彦主人王の出身地と継体天皇の宮は淀川水系でつながり、三国は日本海の交易ルートの拠点である。

福井県坂井市三国町山王6-2-80

アマテラスの子が降臨した霊峰

英彦山神宮

ひこさんじんぐう

三峰に三神が鎮まる修験道の聖地

英彦山は福岡県と大分県の間にある標高約1199メートルの山で、北岳・中岳・南岳の三峰からなる。英彦山神宮の社伝では、北岳にアマテラスの子であるアメノオシホミミ（天孫ニニギの父）が降臨したと伝わる。そのため、この山は太陽神の子の山を意味する「日《ひ》子《こ》山」と呼ばれ、のちに彦《ひこ》山の表記になった。享保14年（1729）に、霊元法皇によって「英」の字が授けられ、「英彦山」と記されるようになった。

『鎮西《ちんぜい》彦山縁起』によれば、26代継体天皇の時代の531年に来日した中国・北魏の僧が猟師・藤原恒雄に仏教の教えを説き、寺を開いたのが霊場のはじまりとされる。また『彦山流記』には、彦山権現が、インドから中国・唐を経て彦山の般若窟に降り立ったとある。

仏教が伝来すると神仏習合が進み、英彦山は、大峯山（奈良県）、熊野三山（和歌山県）、出羽三山（山形県）と並ぶ修験道の中心地として栄え、日本三大修験霊場の一角として隆興した。三つの山はそれぞれ、僧侶（法体）、女性（女体）、俗人（俗体）の形を持つとされる。英彦山は彦山三所権現と呼ばれ、北岳にアメノオシホミミ（阿弥陀如来）、中岳にイザナミ（千手観音）、南岳にイザナギ（釈迦如来）が祀られた。

神仏習合が進んだ英彦山で盛んだったのが洞窟での修行である。

❶奉幣殿 英彦山神宮奉幣殿／もともとは英彦山にあった霊仙寺の大講堂で、元和2年（1616）に小倉藩主細川忠興によって再建されたもの。❷玉屋神社／僧侶・法蓮が12年間修行した般若窟で、『彦山流記』ではこの洞窟が英彦山信仰の起源とされる。❸英彦山／北岳、中岳、南岳の三峰があり、それぞれアメノオシホミミ、イザナミ、イザナギが祀られる「三神三容」を形成している。❹上宮／英彦山の山頂にある奥宮で、天保13年（1842）に肥前藩主・鍋島斉正によって造営された。

僧侶の法蓮は般若窟《はんにゃくつ》と呼ばれる洞窟で12年間修行し、彦山権現の宝珠を得たという。この般若窟は玉《たま》屋窟《やくつ》と呼ばれ、現在は玉屋神社となっている。英彦山はこの般若窟を第一として四十九窟があり、これは四十九の内院を持つとされる弥勒《みろく》浄土に見立てられた。そのため、平安時代には経文を残すための経塚《きょうづか》が英彦山につくられ、40以上の経筒《きょうづつ》が確認されている。

熊野三山と交流した英彦山

英彦山と熊野とは共通点が多く、同時期に経塚がつくられた。英彦山に祀られる三神は鷹に姿を変えて各峰に降り立ったと伝えられ、一方、熊野三山では烏が神の使いとなっている。『彦山流記』には、彦山権現が英彦山に降り立った後に、石鎚《いしづち》山（愛媛県）、諭鶴羽《ゆづるは》山（淡路島）、熊野を巡り、英彦山に戻ったとされ、『長寛勘文』熊野権現御垂迹縁起にもほぼ同じ内容の記述がある。

熊野には熊野牛王神符（熊野牛王宝印）があるが、英彦山にも鷹を図化した牛玉宝印があり、熊野と同様に起請文として用いられた。英彦山は、大峰山・熊野が連携し、相互に影響を及ぼしながら独自の発展を遂げたと考えられる。

福岡県田川郡添田町大字英彦山1

❶拝殿／ウマシマジは八百山の麓に葬られたと伝えられ、本殿の裏手にはその陵墓とされる円墳がある。❷後神社／ウマシマジの妃と子を祀る摂社で、社殿の前には2本の杉の木がある。❸勝石／ウマシマジが来臨した際に腰を下ろして休んだとされる霊石。

石見国に移り住んだ物部氏の氏神

物部神社

もののべじんじゃ

鶴に乗って降臨した祭神

祭神のウマシマジは天孫ニギハヤヒの子で、初代神武天皇がもう1人の天孫の子孫であることを知ると従い、東征を助けた神である。社伝によると、東征後にウマシマジは鶴の背に乗って各地をめぐり、大和の天香具《あめのかぐ》山に似た八百《はっぴゃく》山を気に入ったことから、この地に降り立ち宮を営んだと伝えられる。そのため、物部神社では鶴が神の使いとされる。

神社の創建は26代継体天皇の時代の513年のこととされる。継体天皇は越前国（福井県）を統治していた皇族だったが、皇位継承者がいなくなったことから天皇となった。この時、継体天皇を迎えに行ったのが、大伴金村《かなむら》と物部麁《あら》鹿火《かひ》の2人である。大伴氏と物部氏は継体天皇の側近として仕え、ヤマト王権を支えた。

36代用明天皇の時代の587年になると、大連《おおむらじ》・物部守屋《もりや》と大《おお》臣《おみ》・蘇我馬子の争いが内乱に発展し、丁未《ていび》の乱が起きた。守屋の戦死によって乱は鎮圧され、物部氏は以降ヤマト王権内での権力を失ったが、その子孫は石見《いわみ》物部氏や大和石上氏など、神事に携わる氏族として全国で繁栄した。物部神社はこの石見物部氏の氏神として信仰され、石見国一宮となった。毎年11月に行われる鎮魂祭は、物部神社、石上神宮、彌彦神社の3社でしか見られない特殊な神事である。

島根県大田市川合町川合1545

相模国の地方豪族を祀る

寒川神社

さむかわじんじゃ

三地域が合併した相模国の一宮

祭神のサムカワヒコとサムカワヒメは、記紀には登場しない地方神で、相模国（神奈川県西部）を中心に関東地方を広く開拓したと伝わる。創建年はわかっていないが、江戸時代初頭に編纂された『日本総国風土記』には、21代雄略天皇の時代に祭祀が行われた記録があり、さらに神亀4年（727）に社殿が創建されたことが伝えられる。

相模国には、もともと相模川流域の相武《さがむ》国造、酒匂《さかわ》川流域の師長《しなが》国造、鎌倉と三浦地域の鎌倉別《かまくらわけ》の3つの勢力がいた。しかし、645年の乙巳の変以降、各地の国制が改められ、3つの勢力がまとめられ、相模国となった。相模国の6社で現在も行われる国府祭《こうのまち》では、相武国造だった寒川神社（相模国一宮）と師長国造だった川匂神社（二宮）が主導権争いをする祭事が行われる。これは「座問答」と呼ばれる神事で、一宮と二宮の神職が互いに上座につこうとする勝負を行い、三宮の神職が「いずれ明年まで」と仲裁して終える。

寒川神社は相模川の河口から約7キロさかのぼった低い台地に鎮座しているが、かつては相模湾の海岸線が境内地のすぐそばにあったといわれる。そのため祭神は、水の神としても信仰されてきた。周辺地域には、縄文時代の集落跡や弥生時代後期の方形周溝墓（方形に溝をめぐらせた墓）などの遺跡があり、古代から相模湾沿岸部の中心地だったことがうかがえる。

神奈川県高座郡寒川町宮山3916

❶拝殿／神社の社殿は一般的に南あるいは東に向いて建てられるが、関東の裏鬼門の方向である南西を向いている。
❷渾天儀／方位除けの神として信仰され、拝殿前には渾天儀のレプリカが置かれている。
❸相模国府祭／毎年5月5日に相模湾に面した大磯の斎場に相模国一宮から六宮が集まり、神事が行われる。

有力豪族・物部氏の氏神を祀る

辛國神社

からくにじんじゃ

巨大古墳が多く造営された古市古墳群がある地に鎮座している。社伝によれば21代雄略天皇の時代に創建されたと伝わる。祭神はニギハヤヒで、鎮座地は、その後裔である物部氏が統治した地域と考えられる。その後、物部氏の支族の辛國氏が祭祀を引き継いだ。辛國神社の近くには、14代仲哀天皇陵とされる岡ミサンザイ古墳がある。

大阪府藤井寺市藤井寺1-19-14

東北地方とヤマト王権をつなぐ

駒形神社

こまがたじんじゃ

21代雄略天皇の時代に、この地を治める上毛野氏の支族が駒ヶ岳（大日岳）の山頂に山の神霊を奉斎したことで創建されたと伝わる。その後、坂上田村麻呂が東北地方の蝦夷《えみし》を征討した際に乗っていた馬を祀ったとも伝わる。上毛野氏は群馬県を中心とする北関東を統治した有力豪族で、ヤマト王権と関係が深かった。

岩手県奥州市水沢中上野町1-83

古代の遠江の中心地

小國神社

おくにじんじゃ

29代欽明天皇の時代の555年に、本宮山中に出現したオオクニヌシを祀ったことが創建と伝わる。小國神社本社から6キロほど登った山中には、奥宮である奥磐戸《おくいわと》神社があり、オオクニヌシが現れた地とされる。小國神社の周辺地域では、5世紀後半から古墳造営がはじまり、6~7世紀造営の古墳や横穴墓が多くある。

静岡県周智郡森町一宮3956-1

5世紀に出現した巨大集落地に鎮座

貫前神社

ぬきさきじんじゃ

27代安閑天皇の時代の531年に、物部氏の支族である磯部氏が、鷺宮《わしのみや》（安中市）に氏神を祀り、その後、現在地に遷座されたと伝わる。周辺には約20基の古墳が集中する一ノ宮古墳群があり、5世紀末~6世紀初頭に大規模な集落が現れたことがわかっている。参道を下った先に社殿がある下り宮となっている。

群馬県富岡市一ノ宮1535

四道将軍の後裔が創建

敢國神社

あえくにじんじゃ

37代斉明天皇の時代の658年に、この地に定住したと伝わる四道将軍の1人オオヒコを、その後裔である阿閉《あへ》（阿部《あべ》）氏が祀ったことが創建とされる。近くにある御墓山《みはかやま》古墳はオオヒコの陵墓と伝えられ、墳丘長約190メートルの大型前方後円墳である。配神のスクナヒコナは伊賀に住んだ秦《はた》氏により奉斎されたと考えられる。

三重県伊賀市一之宮877

3人の天皇を祭神とする

恵蘇八幡宮

えそはちまんぐう

37代斉明天皇の時代の661年に、朝鮮半島の百済に救援を送る際に陣を敷いた地で、本殿裏手の御陵山はこの地で亡くなった斉明天皇の仮埋葬地と伝わる。中大兄《なかのおおえ》皇子（38代天智天皇）が、宇佐神宮から15代応神天皇を勧請した。40代天武天皇の時代の673年に斉明天皇と天智天皇が合祀された。

福岡県朝倉市山田166

第7章 飛鳥時代

ヤマト王権の勢力地が全国的に広がり、政治体制が整備されるようになると、有力豪族間での権力闘争が激化し、物部氏、蘇我氏、藤原氏などが権勢を誇った。また倭の五王以来途絶えていた中国との外交が再開され、大陸から仏教がもたらされ、日本における信仰の形は神仏習合へと向かっていった。

『中大兄皇子と中臣鎌足』小泉勝爾 画　神宮徴古館 所蔵

御神体を傷つけないために
造営された水上社殿

嚴島神社

いつくしまじんじゃ

海面からそびえ立つ弥山の山容

日本三景の一つとして知られる安芸《あき》の宮島は、古来より神の島とされており、「神をいつきまつる島」という意味で「嚴島」と呼ばれた。祭神は、宗像大社に祀られる宗像三女神であり、両社ともに海上交通の要衝に鎮座している。社伝によると、宗像の地から2羽の神鴉《ごがらす》に導かれた三女神が現在の社殿がある宮島の浜に降り立ったと伝えられる。

創建は33代推古天皇の時代の593年のことで、安芸国の豪族・佐伯鞍職《さえきのくらもと》が神託によって、社殿を造営したのがはじまりと伝わる。嚴島神社の最大の特徴である水上社殿は、宮島を御神体としたためで、島を傷つけないように浜に社殿が建立された。宮島と本土の最狭部はわずか600メートルほどだが、現在も橋が架けられないのは、宮島を御神体とする信仰が守られているためである。

瀬戸内海は約6000年前に海水面が上昇して誕生したが、宮島はこの時に対岸と分離し島となった。宮島の特徴は平地部分が極端に少なく、島の中央部にある弥山《みせん》はまるで海中から生えたようにそびえ立っている。海と山地が一体となった地形は、熊野地方や屋久島などに見られる特徴で、古代から聖地とされた。

宮島は島全体が花崗岩で形成されており、標高約535メートルの弥山の山頂には、巨石が多くある。こうした巨石は磐座とされ、厳島神社創建前からの信仰地だったと考えられる。さらに仏教伝来後には、島の形が仏の寝姿と似ていることも信仰を高めた。

一大社殿群を造営した平氏による崇敬

厳島神社が威容を誇るようになったのは、12世紀になってからである。仁安3年（1168）、平清盛の援助を受けた佐伯景弘が、本殿など37棟の内宮と、対岸にある御前に19棟の外宮からなる大規模な社殿群を完成させた。社殿は平安貴族の邸宅などに用いられた寝殿《しんでん》造で、能舞台や池などを備える。

平清盛ら平氏は厳島神社を信仰し、長寛2年（1164）に奉納した「平家納経」は国宝に指定されている。日宋貿易による国づくりを目指した平家は、瀬戸内の航路の開拓に力を注ぎ、海上交通の守護神である厳島神社の祭神を篤く祀ったのである。

古くより神仏習合が進み、五重塔、多宝塔、豊国神社（千畳閣）、大願寺など厳島伽藍と呼ばれた仏教色の強い建築物も多く残る。島の中央にある弥山は、一説によると大同元年（806）に空海が開山したともいわれる。

広島県廿日市市宮島町1-1

❶水上社殿群／島全体が御神体とされたため、陸地ではない浜に社殿が造営された。現在の本社本殿は元亀2年（1571）に造営されたものである。❷大鳥居／厳島神社のランドマークである大鳥居は、社殿から約200メートル離れており、満潮時に海上に浮かぶように立つ。❸宮島／約6000年前の海水面の上昇によって島になった宮島は周囲約30キロの楕円形で、本土側からは仏の寝姿のように見える。❹弥山の磐座／島の中央にある弥山は標高約535メートルで山頂には巨石群があり、原始の信仰を今に伝える。

蜂子皇子によって創建された
出羽三山の始原

出羽神社

いではじんじゃ

出羽三山信仰の中心となる里宮

羽黒山《はぐろさん》（標高約414メートル）・月山《がっさん》（標高約1984メートル）・湯殿山《ゆどのさん》（標高約1500メートル）は、一体の聖地として出羽《では》三山と呼ばれる。飛鳥時代から山岳信仰の中心地として開かれ、東日本最大の修験道の霊場として繁栄した。出羽三山では神仏習合が進み、羽黒山がこの世、月山があの世、湯殿山が来世を意味し、「三関三度の霊山」とする信仰が生まれた。羽黒山で現世の幸福を願い、月山で死後を経験し、湯殿山で生まれ変わる「死と再生」の儀式である。

出羽神社がある羽黒山を開いたのは、32代崇峻《すしゅん》天皇の皇子の蜂子《はちこ》皇子とされる。崇峻天皇は、33代推古天皇と蘇我馬子《うまこ》の謀略によって暗殺される。蜂子皇子は中央の政争から逃れるためにこの地を訪れた。すると蜂子皇子の前に巨大な3本足の霊鳥が現れ、羽黒山内の阿古谷《あこや》という場所に導いたという。

修行を重ねる蜂子皇子の前に、羽黒山の神である伊氏波《いでは》神が現れた。蜂子皇子は羽黒山の山頂に伊氏波神を奉斎したのが出羽神社のはじまりと伝えられる。羽黒山中には蜂子皇子墓もあり、宮内庁により管理されている。

羽黒山は出羽三山の里宮としての機能を持っており、月山と湯殿山が冬期に参拝できなくなるため、出羽神社には三山の祭神を祀る三神合祭殿が建立されている。

山形県鶴岡市羽黒町手向字手向7

❶五重塔／出羽三山のシンボル的な建造物で、三間五層の塔。神仏習合が進んだ出羽三山ではかつて多くの仏教施設があった。❷三神合祭殿／月山と湯殿山は冬期は雪のために参拝不能となるため、三山の主祭神が合祀されている。❸大鳥居／高さ約20メートル、幅約15メートルの両部鳥居で、東北最大の規模を誇る。

❶月山神社本宮／半円形の月山の頂上「おむろ」に鎮座し、月の神・ツクヨミを祀っている。❷弥陀ヶ原／月山の8合目にあり、高冷地のために枯草が腐らずに積み重なったたことで泥炭層の湿原を形成している。❸月山の夜景／農耕の神として信仰された月山は、田植えなどに深く関わる暦に関連する月の神と結びついた。

古代から信仰された月山の神

月山神社

がっさんじんじゃ

出羽三山の最高峰に広がる「あの世」

蜂子皇子によって開山された出羽三山は、出羽神社にウカノミタマ、月山神社にツクヨミ、湯殿山神社にオオヤマツミ・オオナムチ・スクナヒコナが祀られている。神仏習合時代には、出羽三所権現とされ、羽黒権現＝聖観音、月山権現＝阿弥陀如来、湯殿山権現＝大日如来とされた。『延喜式』神名帳では、出羽三山のうち月山神社のみが記載されている。月山は出羽三山の最高峰で、古くから庄内平野の水を育む山として崇められ、農耕の神として信仰された。かつては月の運行から暦がつくられ、月は田植えなどの季節を告げる農耕の神とされたことから、月山の原始の信仰が生まれたと考えられる。

月山の8合目にある中之宮の御《み》田原《たはら》神社は稲作の神でもあるクシナダヒメを祀る。また庄内平野から見ると牛が寝ている姿に似ていることから犂牛《くろうし》山とも呼ばれた。

月山は死後の世界を体験する聖域とされる。日本には古くから死者の霊が山に行くとする「山中他界観」があり、その後、仏教が伝来すると山中は浄土の地として見られるようになった。

月山の山中には弥陀ヶ原、東《ひがし》補陀落《ふだらく》、佛生池などがある。山形市内には貞治7年（1368）に建立された月山結集碑があり、一村百余人の登拝講があったことが記されている。

山形県東田川郡庄内町立谷沢字本澤31

❶仙人沢／宿泊や食事ができる参籠所がある仙人沢。御神体がある山頂は写真撮影が禁止となっている。❷参道／湯殿山神社本宮へと続く参道。山頂にある御神体については「語るなかれ」「聞くなかれ」と伝えられる。❸七ツ滝／月山と湯殿山は尾根づたいに8キロほど離れており、大小の滝がある。

湯が湧き出る御神体を祀る

湯殿山神社

ゆどのさんじんじゃ

御神体の湯が流れ込む梵字川

湯殿山は月山から西に尾根を約8キロ下ったところにある。山頂にある湯殿山神社本宮には本殿がなく、湯が沸き出す巨岩が御神体となっている。湯を生み出し続ける巨岩は、生命を生み出す女陰とされ、この巨岩に参拝することで大日如来と一体となると考えられた。また湯殿山は来世の山とされるため、戒名を書いた紙を御神体の湯で濡れた巨岩に貼り付け、字が消えると死者が成仏するという岩供養の風習がある。参拝時にはお祓いを受け、土足が禁止されているために裸足になる必要がある。御神体の脇から梵字《ぼんじ》川に流れ落ちる御滝では滝行が行われ、御神体の裏手にあるハシゴから30メートルほど下に降りると、御滝神社の滝壺がある。滝から神橋までの梵字川の両岸には湯殿山神社の末社が13社あり、これらを巡拝することを御沢駈けと呼ぶ。

もともと湯殿山は出羽三山に含まれておらず、月山の東方にある葉山《はやま》（標高約1462メートル）や、『延喜式』神名帳に記載がある鳥海山《ちょうかいさん》が出羽三山の一つとされた。月山と羽黒山は天台宗系の羽黒派だったのに対して、湯殿山は真言宗系だったことも、三山に含まれなかった一因といえる。鳥海山は出羽山地から遠く、葉山も湯殿山と比べるとアクセスが悪い。そのため、三山一体の聖地として、湯殿山が新たに加えられたと考えられる。

山形県鶴岡市田麦俣字六十里山7

権勢を誇った蘇我氏の氏神

宗我坐宗我都比古神社（入鹿宮）

そがにますそがつひこじんじゃ（いるかのみや）

悪役とされた蘇我氏

一般的には、入鹿宮と呼ばれる蘇我氏の氏神である。入鹿とは、蘇我宗家の最後の氏長で、乙巳の変で殺害された蘇我入鹿のことである。入鹿宮がある地は、蘇我氏発祥の地とされる。

蘇我氏の祖は、5代の天皇と神功皇后に仕えた武内宿禰とされ、『古事記』では、武内（建内）宿禰の子である蘇我石川宿禰が蘇我氏の初代となっている。蘇我氏は、記紀では32代崇峻天皇を暗殺するなど悪役として描かれている。蘇我氏は、645年の乙巳の変で、中大兄皇子（38代天智天皇）と中臣鎌足《かまたり》によって討たれるが、記紀編纂時に権勢を誇った藤原不比等《ふひと》は父が中臣鎌足だった。そのため、蘇我氏を悪役とし、その事績を厩《うま》戸《やど》皇子（聖徳太子）に移したとも考えられる。

入鹿宮は、33代推古天皇の時代に蘇我馬子が社殿を造営し、祖先の武内宿禰や蘇我石川宿禰を祀ったと伝えられている。また、41代持統天皇が乙巳の変で敗れた蘇我宗家を憐れんだことから創建されたとする伝承もある。持統天皇は、中大兄皇子側についた蘇我倉山田石川麻呂の次男である徳永内供に、蘇我氏の支族である紀氏を継承させ、子の永末が祖神を祀るための社殿を造営したとも伝わる。持統天皇の母は蘇我倉山田石川麻呂の娘であり、蘇我氏に同情を寄せたとも考えられる。

奈良県橿原市曽我町1196

❶本殿／現在の祭神は、ソガツヒコ・ソガツヒメの二神で御神体の神像が祀られている。❷鳥居／境内地周辺からは弥生時代から古墳時代にかけての遺物が多く出土している。❸拝殿／『延喜式』神名帳にも記述がある古社で、蘇我氏の祖神を祀っていた。

日本の玄関口となる大宰府を守護

宝満宮竈門神社

ほうまんぐうかまどじんじゃ

国際的な緊張の高まりの中で創建

38代天智天皇の時代、大宰府の鬼門にあたる東北方にある竈門山（宝満山）で国家鎮護の祭祀を行ったのがはじまりとされる。40代天武天皇の時代の673年に、高僧の前にタマヨリヒメが出現して神託したことから社殿が建立されたと伝わる。

大宰府は33代推古天皇から41代持統天皇の頃に整備された政庁で、大陸との外交と防衛を担った。ヤマト王権の重要な出先機関であり「遠《とお》の朝廷」とも呼ばれた。

663年、天智天皇は百済救援のために朝鮮半島に派兵するが、唐・新羅連合軍に白村江《はくすきのえ》で敗北した。軍事的緊張が高まり、北部九州に要塞（水城《みずき》、山城）が築かれた。竈門神社の創建は、大宰府の重要性が増す時期と重なる。竈門山からは福岡平野や玄界灘を望め、軍事的な要地でもある。

祭神のタマヨリヒメは、巫女を神格化した神ともいわれ、国土防衛や大陸との往来の安全の祈願が行われたと考えられる。標高約829メートルの宝満山頂には竈門神社の上宮がある。山中には巨大な3つの岩が立つ竈門岩があり、宝満山の別名・竈門山の由来となった磐座である。また山の形が竈に似ていることから竈門山と呼ばれるようになったともいわれる。平安時代以降は修験道の霊場として栄え、370もの坊舎があったという。

福岡県太宰府市内山883

❶拝殿／祭神のタマヨリヒメを祀る。現存の社殿は昭和2年（1927）に建てられたもの。❷宝満山山頂の上宮／山頂には巨大な岩盤があり、上宮が鎮座している。頂上からは太宰府市街地や玄界灘を望むことができる。❸礼拝岩／宝満山には、竈門岩のほかに多くの巨岩・奇岩があり、信仰の対象となっている。

天智天皇の王都があった地に創建

近江神宮

おうみじんぐう

先進的な制度と技術を導入

乙巳の変で蘇我宗家を滅ぼした中大兄皇子は、大化の改新と呼ばれる大改革を行い、668年に38代天智天皇として即位した。天智天皇は王都を近江国（滋賀県）の近江大津宮に遷した。この古都・近江大津宮跡に昭和初期に創建されたのが近江神宮である。

天智天皇は先進的な制度や技術を積極的に採用した人物で、日本初となる体系的な法典「近江令」や初の戸籍「庚午年籍《こうごねんじゃく》」、律令制のもととなる土地制度「班田収授《はんでんしゅうじゅ》法」などを制定した。

天智天皇の即位にあたって、越国（新潟県）から「燃ゆる土」「燃える水」が献上された。「燃ゆる土」は天然のアスファルト、「燃ゆる水」は石油と考えられ、実際に越後平野には石油・天然ガスが埋蔵されていることがわかっている。毎年7月にはこの故事にならって、新潟県胎内市黒川で燃水祭《ねんすいさい》が行われ、採油された原油が近江神宮に送られ神前に献上される神事が行われる。

また当時の最先端の技術である漏刻《ろうこく》（水時計）をつくり、時報を開始した。『日本書紀』に「鐘・鼓をもって時を知らす」とある。そのため近江神宮には、時計博物館や時計学校が設けられており、毎年6月には漏刻祭が行われる。このほか壬申の乱で亡くなった、天智天皇の子・39代弘文天皇の祭も行われている。

滋賀県大津市神宮町1-1

❶内拝殿／巨大な外拝殿の先には内拝殿があり、その奥に本殿がある。内拝殿では祭事や祈祷が行われる。❷神門／近江神宮は、昭和15年（1940）に天智天皇の遺徳を偲んで創建された。境内の入り口には巨大な朱塗りの楼門がある。❸近江大津宮錦織遺跡／近江神宮の周辺地域には、近江大津宮の遺構が数多く発見されている。

藤原氏の祖・鎌足を祭神とする

談山神社

たんざんじんじゃ

乙巳の変を計画した地

祭神は藤原（中臣）鎌足で、多《と》武峯《うのみね》の山中に鎮座している。創建は40代天武天皇の時代の678年で、摂津国の阿威《あい》山（大阪府高槻市）につくられた藤原鎌足の墓が、御破裂《ごはれつ》山の山頂に改葬され、境内地に十三重塔が建立されたことにはじまる。かつては国家の非常時になると山ごと鳴動して変事を知らせるという「談山御破裂」の伝承がある。

『日本書紀』によると、中大兄皇子と中臣鎌足は、飛鳥の元興《がんごう》寺（飛鳥寺）の蹴鞠の会で知り合い、本殿裏山で蘇我氏排除のための秘密の談合を行ったとある。社名の「談山」はこの故事に由来する。大宝元年（701）には、方三丈の神殿が建立され、祭神の藤原鎌足の神像が安置された。本殿裏山までは境内から徒歩約10分、御破裂山の神廟までは徒歩約20分である。

元興寺では、中大兄皇子が蹴鞠《けまり》の時に偶然脱げた沓を中臣鎌足が拾い上げたのがきっかけで2人が知り合ったと伝えられ、談山神社ではこの故事にならって、「蹴鞠の庭」が整備され、毎年春秋に蹴鞠が行われている。

藤原氏による『日本書紀』の改竄

645年、中大兄皇子と中臣鎌足は乙巳の変を敢行し、蘇我入鹿を暗殺した。運命を悟った父の蝦夷も自邸に火を放って死を選んだことで、政変は成功する。中大兄皇子は皇太子、中臣鎌足は内臣《うちつおみ》として政権中枢に入った。

中臣鎌足には二人の息子がいたが、兄は仏門に入って定慧《じょうえ》と名乗り、弟・不比等が後継者となった。十三重塔を建立したのはこの定慧である。中臣鎌足は亡くなる直前に、その功績を讃えて天智天皇から「藤原」の姓を賜った。これは出身地である大和国高市郡藤原が由来とされる。

多くの名門豪族が没落するなか、藤原氏は蘇我氏の地位を受け継ぐ立場となった。天皇家の外戚という地位を得て勢力を拡大し、平安時代には摂政や関白の地位を独占して、長期にわたって朝政の一大勢力であり続けた。

『日本書紀』に記された乙巳の変の顛末は、蹴鞠の会の出会いや本殿裏山の談合など、ドラマチックな内容が多い。これは『日本書紀』編纂時の権力者が中臣鎌足の息子の藤原不比等だったためで、父の事績を脚色あるいは創作したと考えられる。

実際に中臣鎌足の功績の一つである大化の改新の詔《みことのり》（天皇の命令書）では、701年以降に用いられる「郡」という行政区画の単位が出てくる。

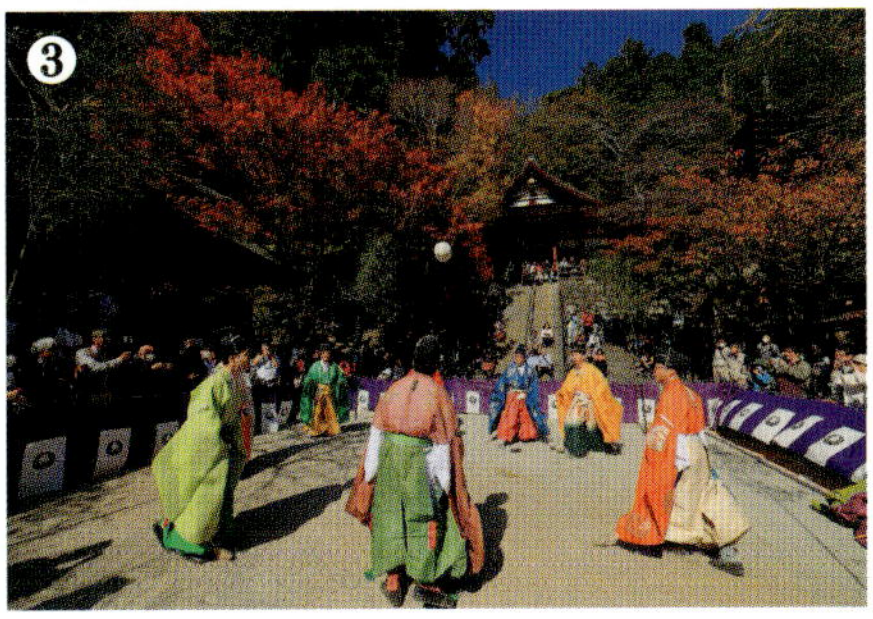

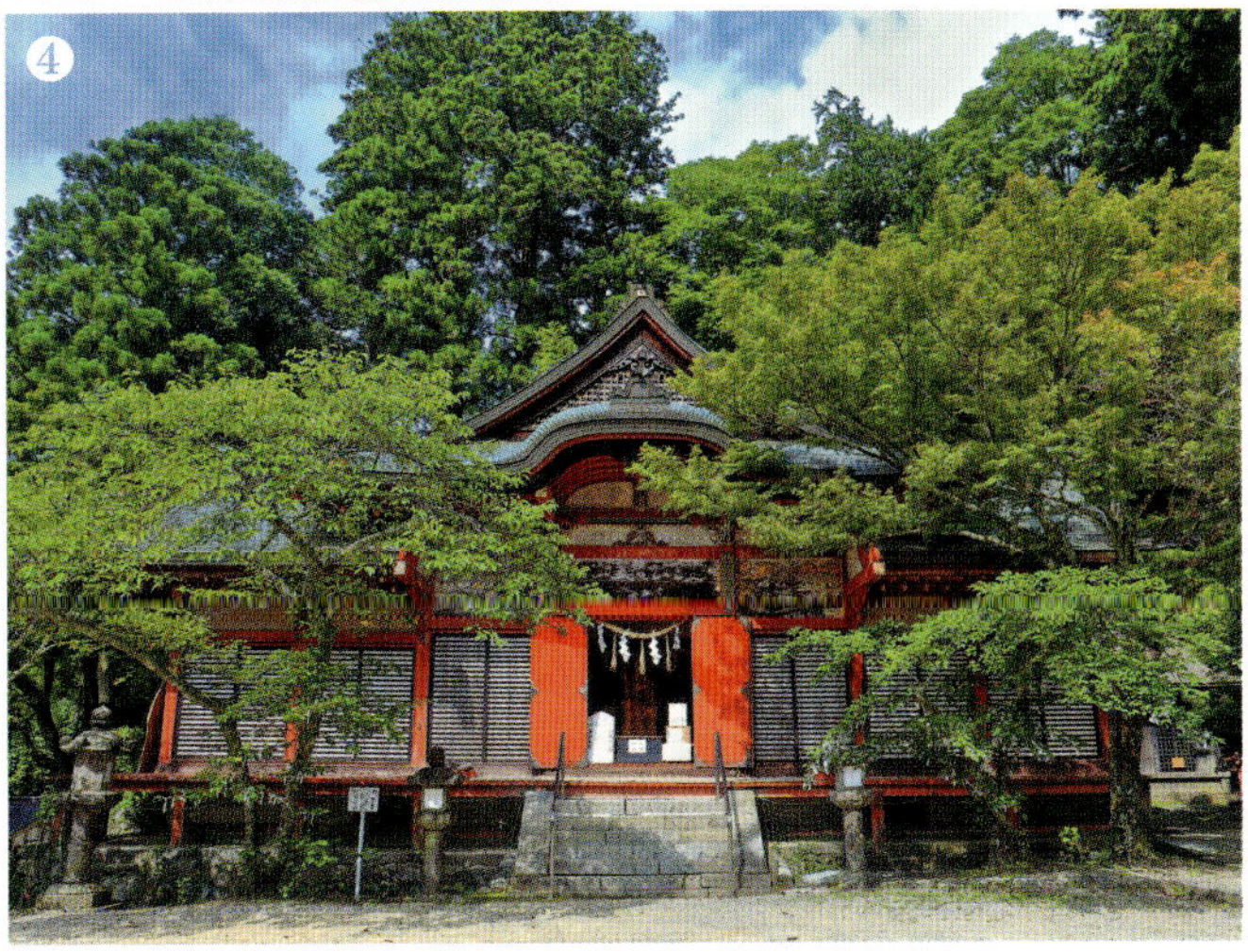

奈良県桜井市多武峰319

❶十三重塔／藤原鎌足の長男である定慧が供養のために建立したもので、木造十三重塔としては現存する世界唯一のものである。❷総社本殿／天神地祇と八百万神を祀る日本最古の総社と伝わる。社殿は、寛保2年（1742）に談山神社の本殿だった建物を移築したもの。❸けまり祭／元興寺で中大兄皇子と中臣鎌足の出会いに由来する祭事で、毎年、春と秋に鞠装束に身を包んだ鞠人によって蹴鞠が奉納される。❹総社拝殿／談山神社拝殿を簡略化して小さくしたもので、寛文8年（1668）に造営された。

❶上社／昭和34年（1959）に大滝ダムの建設に伴って旧社地が水没することになった。平成10年（1998）に現在地に遷座された。❷中社／丹生川（高見川）沿いに社殿があり、川の向かい側の本宮山には摂社・丹生神社が鎮座している。❸下社／丹生山山頂に鎮座する本殿まで拝殿から75段の木製の階段が続く。

朝廷の祈雨と止雨の祈願を行う

丹生川上神社

にうかわかみじんじゃ

神武天皇の占いの伝承地

社伝によると、40代天武天皇の時代の675年に神託を受けて、水の神・ミズハノメが祀られたのが創建と伝わる。鎮座地は吉野山で、上社・中社・下社の三社がある。

『日本書紀』には、初代神武天皇が東征の際に丹生川上の地で、厳瓮《いつべ》（酒を入れる瓶）を「夢淵《ゆめぶち》」に沈めて勝利を占ったと伝わる。この「夢淵」の伝承地が中社の東方に残っている。

『延喜式』神名帳にも記載される古社で、朝廷から重要視された「二十二社」の一社とされた。稲作は古代日本の社会を支える重要な産業だったが、豊富な水を必要とする。丹生川上神社は、水の神を祀る日本最古の神社ともいわれ、平安時代には祈雨と止雨の祈祷が行われた。

『続日本紀』には、天平宝字7年（763）に旱魃のために畿内4ヶ国の神々を奉斎し、このうち丹生川上神社に黒馬を奉納したことが記されている。祈雨の場合は黒馬を、止雨の場合は白馬あるいは赤馬が奉納される慣わしがあり、神馬の奉納はのちの絵馬へと変化した。

吉野には飛鳥時代から離宮が置かれ、40代天武天皇の「吉野の盟約」の地としても知られる。中世には荒廃するが、明治時代以降に上社・中社・下社が順次復興され現在の三社体制となった。

奈良県吉野郡東吉野村大字小968

継体天皇と桓武天皇ゆかりの地

交野天神社

かたのあまつかみのやしろ

中国皇帝の天壇を模した郊祀壇

祭神は49代光仁天皇・アメノコヤネ・菅原道真で、社伝によると、延暦6年（787）、長岡京に遷都した50代桓武天皇が父・光仁天皇を祀るために設けた「郊祀壇《こうしだん》」が起源とされる。中国の皇帝は、天壇《てんだん》を設けて、天におうかがいを立てて天子となる。郊祀壇はこの中国皇帝の祭祀にならったもので、天壇は都の南方に置いたことから、交野天神社も長岡京のほぼ真南に位置している。

桓武天皇は都を奈良から京都盆地に移すなど、既存勢力からの脱却を目指した天皇である。郊祀壇の祭祀もこれまでの宮中祭祀とは異なるもので、皇祖ではなく、父を祀っている。

古墳時代には、交野市一帯は豪族・肩野物部氏の支配地だった。この地には、もともと26代継体天皇が即位後に5年間、宮を営んだという樟葉《くずは》宮の旧地であるとされ、「樟葉宮跡の杜」として枚方市の名勝に指定されている。淀川の対岸には、継体天皇の陵墓とされる今城塚《いましろづか》古墳があり、継体天皇の時代の中心地だった。

継体天皇は即位から20年にわたって大和入りしなかったが、この地は淀川水系で河内湾、大和盆地、琵琶湖へとつながる水上交通の要衝だった。桓武天皇が郊祀壇をこの地に設けたのも、河内・大和・山城（京都）を結ぶ結節点だったからとも考えられる

大阪府枚方市楠葉丘2-19-1

❶拝殿／桓武天皇が造営した郊祀壇の跡地に創建されたと伝えられ、父・光仁天皇が祀られている。❷八幡神社／本殿の隣に鎮座しており、鎌倉時代の建立と考えられ、本殿とともに国の重要文化財に指定されている。❸末社・貴船神社／継体天皇の樟葉宮があった伝承地と伝えられ、現在は京都から勧請された貴船神社が鎮座している。

日本三奇の一つに数えられる巨石

生石神社
おうしこじんじゃ

本殿がなく、一辺6~7メートル、約500トンの石の宝殿（写真）と呼ばれる巨岩を御神体として祀る。

社伝では、石の宝殿はオオクニヌシとスクナヒコナの神霊が宿る霊石とされ、『播磨国風土記』には物部守屋によってつくられたとある。

兵庫県高砂市阿弥陀町生石171

上町台地の西方を守護

今宮戎神社
いまみやえびすじんじゃ

33代推古天皇の時代の600年、厩戸皇子が上町台地に四天王寺を建立するにあたって、西方の守護するために奉斎されたのがはじまりと伝えられる。祭神は5柱の神々で、エビス神とされるコトシロヌシが祀られている。

大阪府大阪市浪速区恵美須西1-6-10

四天王寺の旧建立地

鵲森宮（森之宮神社）
かささぎもりのみや（もりのみやじんじゃ）

森之宮神社とも呼ばれ、31代用明天皇とその皇后を祀る。厩戸皇子が物部守屋を征討しようとした際に、四天王寺の建立を神仏に誓った。その後、四天王寺建立に先立ち、この地に父母を祀り、四天王像を建立したと伝わる。

大阪府大阪市中央区森之宮中央1-14-4

天武天皇を祭神とする

桜木神社
さくらぎじんじゃ

皇位継承争いを避けて、吉野へと逃れた大海人皇子（40代天武天皇）が、大友皇子（39代弘文天皇）の追っ手から逃れる際に、この地にあった桜の木に隠れたと伝えられる。医薬神とともに天武天皇を祀る。

奈良県吉野郡吉野町喜佐谷

壬申の乱ゆかりの地

伊奈波神社
いなばじんじゃ

祭神のイニシキイリヒコは11代垂仁天皇の長男で、12代景行天皇によって稲葉山に祀られたのが創建と伝わる。壬申の乱の際に大海人皇子が戦勝祈願したと伝えられている。

岐阜県岐阜市伊奈波通り1-1

約1300年前の古祭を伝える

廣瀬大社
ひろせたいしゃ

祭神のワカウカノメは水の神で、大忌神とも呼ばれる。『日本書紀』によると、40代天武天皇の時代の675年に大忌神を祀ったことが記されており、これが毎年4月と7月に行われている大忌祭のはじまりと伝えられる。大忌神はトヨウケの分身の水神とされる。

奈良県北葛城郡河合町川合99

龍田の風神として信仰される

龍田大社
たつたたいしゃ

675年に廣瀬神社の大忌神とともに創建された神社で風の神を祀る。廣瀬の水神と一対をなし、40代天武・41代持統天皇の時代に30回以上も勅使が送られた。また難波と平城京を結ぶために造られた龍田古道がある。

奈良県生駒郡三郷町立野南1-29-1

第8章 律令国家の成立

記紀の編纂が進められた7世紀後半から8世紀にかけて、ヤマト王権は律令国家へ移行していく。「律」とは刑法、「令」とは政治経済などの一般法令を指すもので、それまで有力豪族によって治められてきた土地を国家が一括管理する体制が整えられた。これによって、独自勢力を持った有力豪族は貴族化していくことになった。

『平城京』佐藤醇吉 画　神宮徴古館 所蔵

藤原氏ゆかりの神々を祀る名社

春日大社

かすがたいしゃ

奈良時代なかばに藤原氏が創建

　春日大社は名門貴族藤原氏にゆかりをもつ4柱の神々、タケミカヅチ・フツヌシ・アメノコヤネ・比売神を祀る。奈良時代以来、藤原氏に氏神として信仰され、日本有数の大社として発展してきた。

　創祀については諸説があるが、『古社記』（鎌倉時代初期成立）によると、神護景雲2年（768）、タケミカヅチが常陸（茨城県）の鹿島神宮から上京し、奈良の御蓋《みかさ》山（三笠山）に影向《ようごう》。さらにその後、下総《しもうさ》（千葉県北部）の香取神宮からフツヌシが、河内（大阪府）の枚岡《ひらおか》神社（藤原氏のルーツである中臣氏の氏神）からアメノコヤネと比売神が勧請《かんじょう》され、現社地に社殿が造営されて合祀されたという。

　奈良から遠く離れた東国にある鹿島・香取の神々がわざわざ春日社に祀られたのはなぜなのか。これについても諸説があるが、中臣氏出身ながら、死の直前に「藤原」の氏称を38代天智《てんじ》天皇から賜わって氏祖となった鎌足《かまたり》（614～669年）を、常陸生まれとする伝説に根拠を求める見方がある。「鎌足常陸生まれ」はあくまで伝説だが、鎌足が常陸に領地を有していたのは確かである。そしてそこには鹿島神宮が鎮座し、霞ヶ浦をはさんだ向こう側には香取神宮が鎮座していた。この一帯には鎌足や中臣氏・藤原氏の権勢が及んでいたわけで、そのことが鹿島・

香取の神と春日社を結びつけることになったのだろう。

平城京を見わたす春日野の聖地

春日山とも呼ばれる御蓋山の麓に広がる野は古くから春日野と呼ばれ、6世紀頃に奈良盆地中東部から移り住んだ古代の有力豪族・和珥《わに》氏が開発したところだ（移住にともなって和珥氏は春日氏と改称）。そして御蓋山は、住民たちから神が降臨する山（神奈備《かんなび》山）として仰がれた聖山であった。

そんな土地がなぜ、奈良時代になって新興の藤原氏の聖地に選ばれたのか。

和銅3年（710）、都が飛鳥から春日野の西側に造営された平城京へと遷ったが、この遷都事業を主導したのが、鎌足の子の不比等であった。春日野からは平城京全体を広く見渡すことができる。そこに藤原一族の神々が祀られたことの背景には、平城京政権の掌握をめぐる藤原氏の思惑があったのではないか。

事実、奈良時代以降、藤原氏は天皇を支える最有力氏族として成長を続け、これにあわせて春日社も神威を高め、隣地に藤原氏の氏寺として創建されていた興福寺とともに、隆盛を迎えていくのである。

❶中門／春日大社の本殿の周囲は回廊が巡らされ、南側の中門の前のりんごの庭では神事や舞楽が行われる。❷万灯籠／春日大社には3000にも及ぶ灯籠があり、毎年2月8月にこれらの灯籠が灯される万灯籠が行われる。❸若宮神社／保延元年（1135）に関白・藤原忠通によって創建された摂社で、天上世界の清らかな水を地上世界にもたらしたと伝えられるアメノオシクモネを祀る。❹鹿／春日大社の祭神は常陸国からこの地に鹿に乗ってやってきたと伝えられ、春日神の使いとされる。

奈良県奈良市春日野町160

❶本殿／4柱の祭神がそれぞれ4棟の社に祀られており、春日大社と似た様式となっている。❷中門と透き塀／拝殿の奥にある本殿の周囲は透き塀で囲まれ、令和2年（2020）に修復された中門がある。❸なで鹿／春日神の使いである鹿の石像が拝殿前にあり、健康長寿の信仰がある。

生駒山に鎮まる春日大社の元宮

枚岡神社

ひらおかじんじゃ

平安時代には有力神社に

生駒山の西側の中腹に鎮座し、アメノコヤネ・比売神・フツヌシ・タケミカヅチの4神を祀っている。社伝によれば、初代神武天皇が東征したとき、天種子命《あめのたねこのみこと》が勅を奉じて国土平定を祈願するため、アメノコヤネと比売神を神津嶽《かみつだけ》（現社地の東方にある霊山）に祀ったのがはじまりだという。

アメノコヤネは、アマテラスの天岩戸籠りでは神事のために祝詞を唱え、天孫ニニギの天降りに際しては五部神の1柱として随従したと伝えられる神である。このアメノコヤネの孫にあたるとされるのが天種子命である。

そして、アメノコヤネ・天種子命の末裔とされているのが、朝廷の神事・祭祀を司った古代豪族の中臣氏であった。つまり枚岡神社とは、中臣氏の祖神が祀られた古社、中臣氏の氏神ということになる。ただし、実際にこの神社を奉斎してきたのは、中臣氏の同族で、この土地を本拠とした平岡氏だったともいわれている。

枚岡神社の草創については不明な点が多いが、奈良時代なかばに藤原氏によって春日大社が創建されたときには、ここからアメノコヤネと比売神が勧請された。それは、7世紀に中臣氏から生まれた藤原氏もまた、中臣氏の氏神である枚岡神社を深く尊重していたからだろう。そのため枚岡神社は「春日大社の元宮」とも称された。

大阪府東大阪市出雲井町7-16

京都における藤原氏の氏神

大原野神社

おおはらのじんじゃ

『源氏物語』にも登場する名社

延暦3年（784）、50代桓武天皇の命により都は平城京から長岡京（京都府向日市・長岡京市付近）へと遷った。このとき、藤原氏出身の皇后・乙牟漏《おとむろ》のために、藤原氏の氏神である春日大社の祭神が長岡京近傍の地に勧請された。これが、大原野神社のはじまりとされている。

都はこの10年後にはさらに平安京に遷るが、嘉祥《かしょう》3年（850）には、左大臣・藤原冬嗣《ふゆつぐ》の奏請《そうせい》にもとづき、現社地に壮麗な社殿が造営されたという。つまり、藤原氏の長岡京あるいは平安京における氏神として、京都における春日大社の分社として創建されたのが、大原野神社であった。そのため、祭神は春日大社と同じく、タケミカヅチ・フツヌシ・アメノコヤネ・比売神となっている。

平安時代には藤原氏は摂政・関白の職を独占して権勢を強めていくが、それにともなって大原野神社の神威も高まり、藤原氏を外戚とする天皇家からも崇敬された。王城鎮護の神として朝廷から特別な奉幣が行われる「二十二社」のうちの1社にも選ばれている。『源氏物語』の「行幸《みゆき》」帖では、冷泉《れいぜい》帝（真の父親は光源氏）が大原野神社へ行幸する場面があり、華やかで美しい行列の様が描出されている。このシーンは醍醐《だいご》天皇の延長6年（928）の大原野行幸をモデルにしたといわれている。

京都府京都市西京区大原野南春日町1152

❶中門と回廊／春日大社と同様に春日造の本殿が4棟並び、その周囲を回廊が巡り拝所として中門がある。❷狛鹿／春日神の使いである鹿が狛犬の代わりに中門前に置かれている。❸鯉沢の池／55代文徳天皇によって平城京の猿沢池を模して造ったと伝えられる。

皇位継承を揺るがした八幡神

宇佐神宮

うさじんぐう

大仏完成を導いた宇佐の神託

九州・国東《くにさき》半島の北側に鎮座する宇佐神宮は、八幡神（15代応神天皇）・比売神・神功皇后を主祭神とし、宇佐八幡宮とも呼ばれる。全国の八幡宮・八幡神社の総本宮として名高い。

社伝によれば、29代欽明天皇32年（571）に宇佐の地（御許《おもと》山山麓の菱形《ひしがた》池）に八幡神が顕現し、神亀2年（725）に現在地に遷座して社殿が造立されたという。

九州の片隅に芽生えた八幡信仰だが、奈良時代なかばの東大寺大仏造立をきっかけに、その神威は中央にも知れわたるようになる。45代聖武《しょうむ》天皇発願《ほつがん》の造立事業が難航したとき、宇佐の八幡神が「天神地祇を率い誘って造立を必ず成就せしめる」という託宣を発し、天皇を大いに勇気づけたからだ。

天平勝宝《てんぴょうしょうほう》元年（749）に大仏鋳造が成ると、八幡神に仕える宇佐神宮の巫女《みこ》を載せた神輿《みこし》が九州を発って平城京に入り、大仏に礼拝《らいはい》した。

当時の朝廷は仏教による鎮護国家の建設をめざしていたが、この一件で八幡神は、日本の神々を仏教に導く理想的な神として認識されるようになったのである。

宇佐の神託に翻弄された道鏡と朝廷

ところが20年後、宇佐の八幡神が深く関与した、皇位を揺るがす大事件が生じる。

❶南中楼門／上宮の南側にある正門で、勅使用の門のために通常は開けられることはない。❷上宮本宮／2棟の切妻造平入の建物が前後に接続した八幡造となっている。奥殿を「内院」、前殿を「外院」と呼び、内院は昼間の、外院は夜間の神座とされる。❸呉橋／屋根がついた神橋で、呉の人によって架けられたともいわれる。かつては神宮寺の弥勒寺へとつながる橋だった。❹薦神社の三角池（大分県中津市大字大貞209）／薦神社の内宮とされる池で、『八幡宇佐宮御託宣集』によると八幡神が修行した際に湧き出た水と伝えられる。

　その頃、聖武天皇の皇女だった称徳《しょうとく》天皇が皇位にあったが、独身の彼女は祈禱に長けた僧侶・道鏡を寵愛し、彼を「法王」という特別な地位に任じていた。法王とは「仏法の王」の意で、天皇に並びうる絶大な権威を有した。

　そうしたなかで、神護景雲3年（769）の夏頃、宇佐神宮から「道鏡を皇位に就ければ、天下は太平になる」という神託が伝えられた。

　道鏡は歓喜し、称徳天皇は側近の和気清麻呂《わけのきよまろ》を宇佐に派遣して神託を確かめさせた。ところが、帰京した清麻呂によると、八幡神の神託は「皇位に必ず天皇家の血筋の人間を立てろ」というもので、皇室とは血縁のない道鏡の即位を全面的に否定していた。これを聞いた道鏡は激怒し、清麻呂を大隅《おおすみ》国（鹿児島県）に配流する。

　だが、翌年に称徳天皇が病死すると道鏡は失脚。皇位は皇族の長老格だった白壁《しらかべ》王が継いで光仁《こうにん》天皇となった。

　道鏡即位をめぐって出された八幡神の神託はいずれも関係者による捏造だったとする見方もあるが、一連の事件は、八幡神がいかに朝廷に影響力を及ぼしたかをよく物語る。また、この女帝と道鏡のスキャンダルがトラウマとなって、以後、江戸時代まで女性の即位を見合わせることになったともいわれている。

大分県宇佐市南宇佐2859

忠節を尽くした清麻呂を祀る

和氣神社

わけじんじゃ

道鏡の野心を阻止した賢臣

前項にも記したように、宇佐八幡神託事件で皇位を狙う道鏡の怒りを買った和気清麻呂は、神護景雲3年（769）、大隅国（鹿児島県）に流された。名前を別部《わけべの》穢麻呂《きたなまろ》と変えさせられるという辱めも受けている。道鏡は彼の殺害も企てたという。

しかし、ほどなくして道鏡が失脚。清麻呂は神護景雲4年には都に召還され、復権を果たす。清麻呂は元々有能な官僚だったが、彼が奏上した「皇位は天皇家の血筋の人間に限る」とする宇佐八幡神の託宣が道鏡の野望をくじいたことが、朝廷から評価されたのだろう。清麻呂はその後、桓武天皇の信任を得て長岡京・平安京の造営などで活躍し、公卿《くぎょう》にまで昇った。延暦18年（799）に67歳で没すると、正三位を贈られている。

清麻呂の出身は備前国藤野郡（岡山県和気郡）だが、そこは豪族和気氏の本拠地である。和気氏は垂仁天皇皇子で、備前東部を開拓したというヌテシワケの後裔と伝えられている。

この地に鎮座する和氣神社は和気氏の氏神で、ヌテシワケを祀るが、いつのころからか清麻呂も祭神に加えられた。そのため、皇位の血統を守った清麻呂の忠節を称えて参詣する者の姿も見られるようになった。清麻呂の姉で、83人もの孤児を養子にしたという和気広虫《ひろむし》（法均尼《ほうきんに》）も祀っている。

岡山県和気郡和気町藤野1385

❶本殿／和気氏の祖ヌテシワケをはじめ、和気清麻呂、和気広虫などを祀る。❷拝殿／本殿と拝殿は明治期に建て替えられたもので、邑久（おく）大工の代表的な建築様式である。❸狛猪／道鏡事件では道鏡の妨害から和気清麻呂を300頭もの猪が守ったことから、神の使いとされる。

近代にリバイバルした清麻呂

護王神社

ごおうじんじゃ

明治維新後に京都御所近くに遷座

宇佐八幡神託事件（769年）で皇統を守った和気清麻呂は、仏教に深く帰依《きえ》したことでも知られ、河内国（大阪府）に神願寺を、山城国（京都府）の高雄に高雄山寺を創建している。

清麻呂は延暦18年（799）に没するが、25年後の天長元年（824）、清麻呂の子の真綱《まつな》・仲世《なかよ》兄弟によって神願寺が高雄に移されて高雄山寺と合併し、寺号は神護寺（神護国祚《さ》真言《しんごん》寺）と改められた。そして空海に付嘱《ふしょく》され、真言密教の大寺院として発展していく。この神護寺の境内に、年代ははっきりしないが、開基ともいえる清麻呂を祀る霊社が鎮守として建てられ、それは「護王善神」と呼ばれたという。

時は移って江戸時代の嘉永4年（1851）、尊王思想の高まりを受け、孝明天皇は清麻呂の忠節を賞してこの霊社に正一位護王大明神の神号を授けた。

明治7年（1874）には護王神社と改称して別格官幣社に列せられ、明治19年には明治天皇の勅により、現在地である京都御所の西側に遷座した。「王（天皇）を守護する」という社名にふさわしい場所に移転したわけである。

明治維新以降、国家神道の確立が目ざされるなか、天皇・国家への忠誠者の慰霊顕彰が相次ぐようになるが、清麻呂を祀る護王神社は、その最初期の例といえよう。

京都府京都市上京区烏丸通下長者町下ル桜鶴円町385

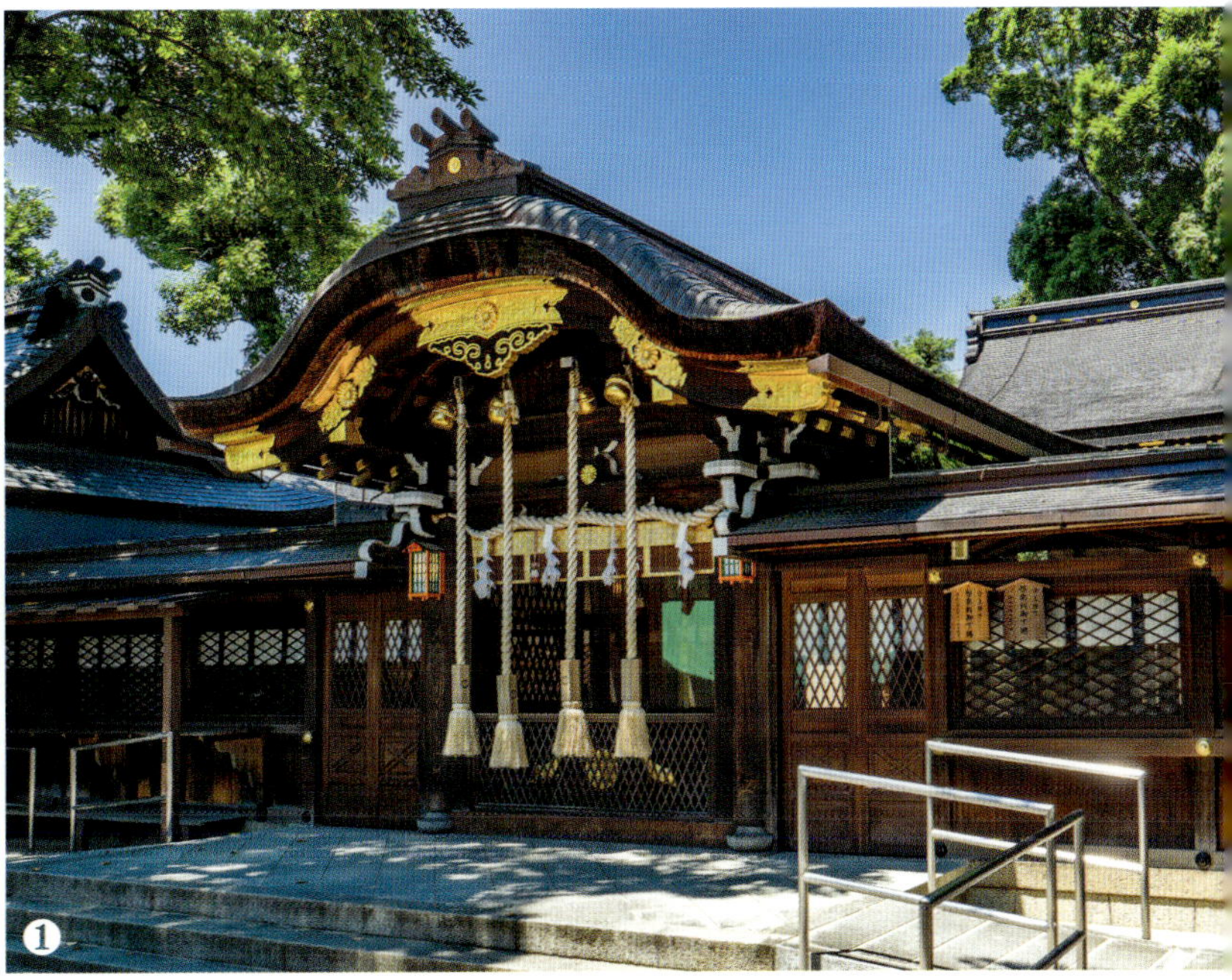

❶中門と本殿／和気清麻呂と和気広虫を祀り、清麻呂の命日にあたる4月4日に護王大祭が行われる。❷和気清麻呂像／平成10年（1998）、和気清麻呂の1200年祭を記念して造立された銅像で、京都御所に向けて建てられている。❸狛猪／崇敬者からの要望によって、明治期に狛犬ではなく狛猪が造立された。

平安遷都以前からあった秦氏の社

松尾大社

まつのおたいしゃ

松尾山上の巨大磐座がルーツか

京都盆地西部を貫流する桂川の西岸に鎮座し、背後には標高223メートルの松尾《まつのお》山を負う。松尾大社の祭神は山の神オオヤマクイと、水の女神イチキシマヒメである。

桂川の流域一帯は山城国葛野《かどの》郡に属する。葛野の地は平安遷都以前から開けていたところで、5世紀頃に渡来系氏族の秦《はた》氏によって開拓され、彼らの本拠地となっていた。秦氏は朝鮮半島南部の出身とみられているが、古代中国秦《しん》の始皇帝の末裔を自称した。

松尾大社の創祀についてははっきりしていないが、松尾山の山頂近くに巨大な磐座があり、そこは古くから秦氏によって神聖な霊地とみなされ、原始神道的な祭祀が行われていたのではないかとみられている。

社伝によると、山上の神霊が現社地である松尾山の東麓に移されたのは大宝元年（701）で、このときはじめて社殿が建てられたという。神社としての松尾大社は、実質的にはこのときから始まったということになろう。天平2年（730）には大社の称号を朝廷から許されている。

神職は秦氏系の一族が代々世襲し、それは明治維新まで続いている。

和銅5年（712）に成立したとされる『古事記』には、神話中のスサノオの子孫を列記する箇所

❶

❷

❸

❹

❶本殿と中門／本殿は「両流造」と呼ばれる独特のもので「松尾造」とも称される。本殿の周囲には回廊が巡っている。❷老年男神像（伝・大山咋神、松尾大社 所蔵）／祭神のオオヤマクイと伝えられる神像で、9世紀頃の作と考えられる。❸上古の庭／境内にある石庭で、松尾山の頂上にある磐座にちなんだ庭園となっている。❹亀の井／古代から利用されてきた名水で、酒造りの際にはこの水を混ぜる風習が現在も残っている。

に、「(スサノオの孫にあたる)オオヤマクイは葛野の松尾に鎮座している」という形で、松尾大社のことが言及されている。このことは、松尾大社の神が葛野の守護神として古くから朝廷にもよく知られていたことを示している。

平安遷都後は「西の猛霊《もうりょう》」に

延暦13年(794)に都は長岡京から平安京に遷るが、平安京の西半分はおおむね葛野にあたる。つまり、そこは本来は秦氏の土地だった。平安京造営にあたっては、秦氏が経済的な支援をしたとする見方もある。

また、大内裏の敷地はもとは秦《はたの》河勝《かわかつ》のもので、彼の邸宅が建っていたという伝承もある。河勝は7世紀前半に聖徳太子に仕えて活躍した、秦氏の族長的人物である。

そんな平安京の旧主ともいえる秦氏が、地主神として崇敬したのが松尾大社であった。平安遷都を命じた桓武天皇も新都の地主神には敬意を払ったらしく、遷都の6日後には松尾大社の神に神階を加えている。

都の西を守る松尾大社はその後、王城鎮護の社として国家的な崇敬を受けるようになり、「西の猛霊」とも称されて、京都を代表する神社へと発展していった。

京都府京都市西京区嵐山宮町3

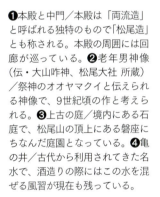

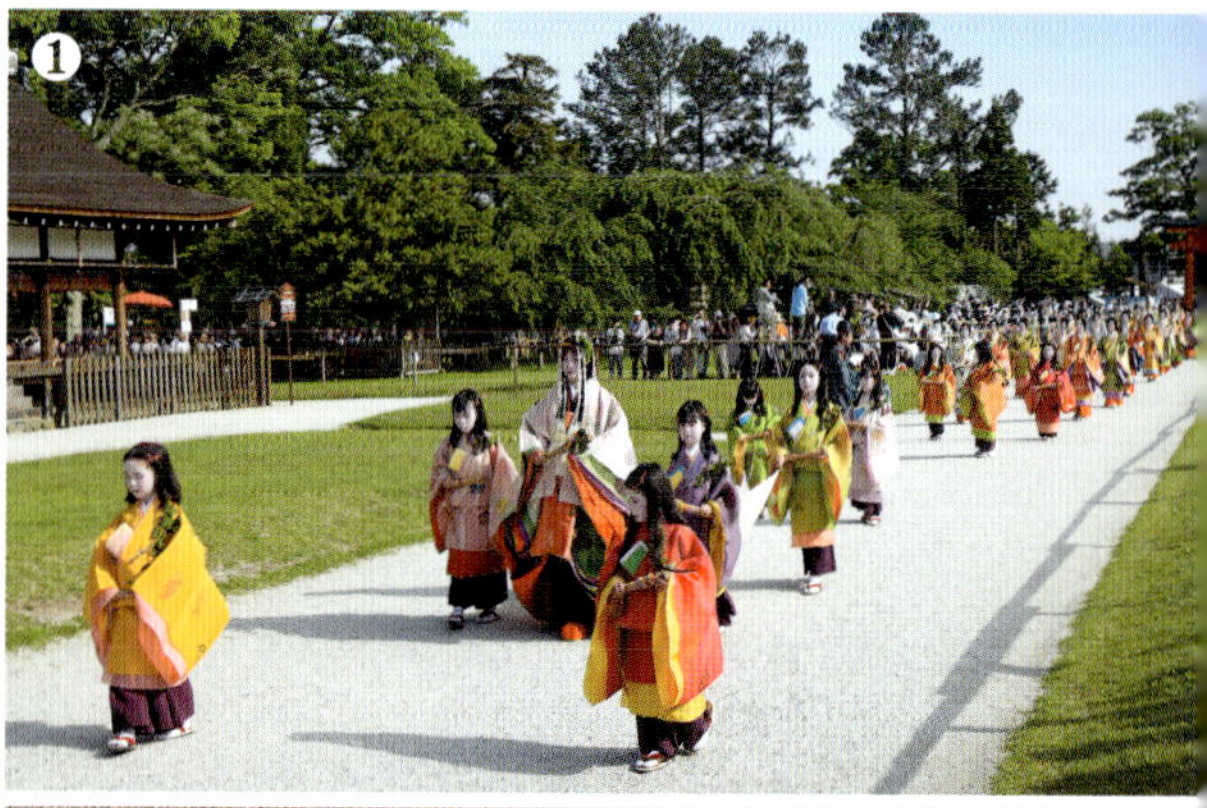

❶葵祭の路頭の儀／斎王代をはじめ、勅使、検非違使、山城使、牛車など約500人が平安絵巻さながらの行列をつくる。❷楼門と玉橋／境内を流れる御物忌川に架かる玉橋の前には、江戸時代初期に建てられた壮麗な楼門が立つ。❸細殿と立砂／9月9日の重陽の節句で斎王代が烏相撲を陪覧する施設で、その前の2つの立砂は祭神が降臨した神山を模した神籬とされる。

松尾社と並ぶ王城鎮守の古社

賀茂別雷神社（上賀茂神社）

かもわけいかづちじんじゃ（かみがもじんじゃ）

未婚の皇女が「斎院」として仕えた

「九州から大和へ向かった神武天皇の東征を先導したカモタケツヌミは、東征後、大和から北上して山城に入り、最後は賀茂川（鴨川）上流の地に鎮まった。その後、彼の娘タマヨリヒメが雷神と交わってカモワケイカヅチを生むが、カモワケイカヅチは成長すると、天に昇って行った」

これは『山城国風土記』逸文に記されている賀茂神に関する古伝承の大意である。これを創祀縁起としてカモワケイカヅチを祀っているのが、洛北を流れる賀茂川の東岸（上賀茂）に鎮座する賀茂別雷神社、通称上賀茂神社である。

上賀茂の地を含む京都盆地北部は雷が多発するところとして知られるが、カモワケイカヅチはその伝承や神名が示唆するように雷の神格化であり、それを古くから奉斎したのが、上賀茂を本拠とした賀茂一族だった。

上賀茂神社は京都でも指折りの古社だが、平安時代に入ると高い格式も備えることになった。未婚の皇女が「斎王（斎院）」と呼ばれる特別な巫女として上賀茂神社と下鴨神社（賀茂御祖《みおや》神社）に奉仕することが慣例となったからだ。

天皇が賀茂神に対して最愛の娘を捧げるという形をとったわけで、このようなことが行われたのは、上賀茂・下鴨神社の他には、伊勢神宮のみである。以降、王城鎮守の神として隆盛していった。

京都府京都市北区上賀茂本山339

京に鎮まるもうひとつのカモ神社

賀茂御祖神社（下鴨神社）

かもみおやじんじゃ
（しもがもじんじゃ）

奈良時代に上賀茂から分立か

上賀茂神社は賀茂川の上流のほとりに鎮座しているが、そこからやや下流に鎮座するのが賀茂御祖神社、通称・下鴨神社だ。

下鴨神社の主祭神は、上賀茂神社の祭神カモワケイカヅチの母神タマヨリヒメと、タマヨリヒメの父神カモタケツヌミである。つまり、上賀茂の祭神の祖（母と祖父）が祀られており、「御祖」という社名はこのことをさしている。

草創については不明な点が多いが、奈良時代に上賀茂神社から分立される形で創祀されたとみる説が有力である。「かつては賀茂神社といえばひとつだけだったが、奈良時代から上賀茂神社と下鴨神社の2つに分かれた」という言い方もできるかもしれない。

下鴨神社が分立された理由は不詳だが、「賀茂祭が盛大になりすぎて乱闘が生じるようになったので、これを危険視した朝廷が、神社を弱体化すべく2つに分けた」とみる説がある。賀茂祭（葵祭）は陰暦4月に行われた賀茂神社の祭礼で、欽明朝（6世紀）にはじまったといわれる。歌舞や走馬も行われて、非常ににぎわったらしい。

下鴨神社が分立しても、賀茂祭のにぎわいが衰えることはなかった。しかも平安時代になると、斎王（皇女が務めた賀茂神社に仕える巫女）による賀茂川での禊（御《ご》禊《けい》神事）や斎王行列なども加わり、より盛大なものになっていった。

京都府京都市左京区下鴨泉川町59

❶舞殿と中門／葵祭では勅使が舞殿前で祭文を奏上する。中門の奥に本殿があり、上賀茂神社の親神を祀る。❷御手洗池／みたらし団子の発祥の池とされ、葵祭の際には斎王代の御禊の儀が行われる。❸糺の森／約700メートル続く参道の両脇にある原生林で縄文時代の植生を現在に伝える。

皇后を輩出した名族橘氏の氏神

梅宮大社

うめのみやたいしゃ

平安時代になって現社地に遷った

京都の名勝嵐山近くの、桂川東岸に鎮座する。主祭神は酒解神《さかとけ》・酒解子神《さかとけこ》・大若子神《おおわくこ》・小若子神で、4神はそれぞれ記紀神話のオオヤマヅミ・コノハナサクヤヒメ・ニニギ・ヒコホホデミにあたるとされている。

梅宮大社は橘《たちばな》氏の氏神としてはじまった歴史をもつ。橘氏は、はじめ30代敏達《びだつ》天皇の血を引く美《み》努《の》王に嫁ぎ、後に離別して藤原不《ふ》比《ひ》等《と》の妻となった県犬養《あがたいぬかい》三千代が和銅元年（708）にこの氏名《うじな》を賜わったことにはじまる。三千代の没後は、三千代と美努王の子である葛城《かづらき》王がこれを継ぎ、橘諸兄《もろえ》を名のった。諸兄は8世紀なかばには政権中枢で活躍し、左大臣にまで昇っている。

梅宮大社は8世紀はじめ頃に三千代が創祀したものだが、当初の社地は不詳で、ともかく京都ではなかった。

その後だが、平安時代末期成立の『伊呂波字類抄《いろはじるいしょう》』によると、三千代と不比等の娘・光明子《こうみょうし》（聖武天皇皇后）と、三千代と美努王の娘・牟漏《むろ》女王が、これを「洛隅内頭」（平城京内の一角）に遷したが、やがてそれは山城国相楽郡堤山（京都府綴喜郡井出町付近）に遷されたという。

平安時代はじめには、檀林皇后と称された嵯峨天皇の皇后・橘嘉《か》智子《ちこ》（諸兄の曾孫）が受け継いで祀っていたが、嘉智子所生の仁明天皇の時代（833〜850年）に下った神託にもとづき、天皇の母・嘉智子が都に近い桂川ほとりの現社地に神社を遷したという。

橘氏の衰退後は安産・酒造の神に

このようにやや複雑な流れだが、こうした経緯から、梅宮大社の相殿には、嵯峨天皇・橘嘉智子・仁明天皇・橘清友（嘉智子の父）も祀られている。

平安時代に現社地に遷ってからは、橘氏の氏神祭として梅宮祭が年に2度（陰暦4月と11月）行われるようになった。祭の奉幣使（勅命により供物を神社に捧げるために出向いた使者）は橘氏が務め、当初は盛大なものであった。

しかし、嘉智子の没後、橘氏の勢いが振るわなくなると、祖の三千代が藤原不比等夫人だった関係から、藤原氏が奉幣使を代行するようになり、しまいには祭そのものが衰退していってしまった。

嘉智子は子に恵まれなかったが、梅宮大社に祈って仁明天皇を得たという伝説があり、そのため安産守護の信仰も集めた。本殿の横に「またげ石」という2個の丸い小石があり、女性がこれをまたげば子宝に恵まれるという。祭神の酒解神にちなんでか、酒造守護の神社としても信仰されている。

京都府京都市右京区梅津フケノ川町30

❶境内の梅／花見は奈良時代までは梅が主流であり、『万葉集』にも多くの梅の歌が残されている。❷拝殿・拝所・本殿／本殿は、5代将軍徳川綱吉によって元禄13年（1700）に再建されたもの。❸随身門／本殿と同じく文政13年（1830）に再建されたもので、俗に「右大臣」「左大臣」と呼ばれる神像が安置されている。❹またげ石／仁明天皇と橘嘉智子の故事が残る梅宮大社の境内にある2つの石はまたげば子宝に授かるといわれる。

奈良時代にはじまる稲荷の本源地

伏見稲荷大社

ふしみいなりたいしゃ

山頂を元宮として稲荷の神を祀る

赤い鳥居と狐像がトレードマークの稲荷神社は日本全国にくまなく鎮座するが、その総本社が、京都伏見に鎮座する伏見稲荷大社である。

伏見社の祭神名は歴史的な変遷や異説もあってはっきりしない面もあるが、現在の祭神は、下社（本殿の中央座）が稲の神格化とされるウカノミタマ、中社（北座）がサタヒコ、下社（南座）がオオミヤノメとなっている。これら3神に下社摂社の田中大神と中社摂社の四大神《しのおおかみ》の2神を加えたものが、「稲荷大神」と総称されている。

ちなみに、下社・中社・上社というのは本殿の背後にそびえる神奈備である稲荷山の三ノ峰・二ノ峰・一ノ峰に対応していて、これらの峰々が元宮、麓にある本殿が里宮にあたるととらえることもできる。

秦氏の驕りを戒めた稲荷神

創祀には、伏見に古くから住み着いていたとみられる渡来系氏族の秦氏が深く関わっている。

『山城国風土記』逸文によると、その昔、このあたりに秦伊侶具《いろぐ》という富農がいて、あるとき餅を弓の的にして遊んだ。すると餅が白鳥と化して飛び立ち、稲荷山の頂上に降りた。さらに驚いたことには、そこに稲が生じたという。

つまり、伊侶具の時代に餅から

1

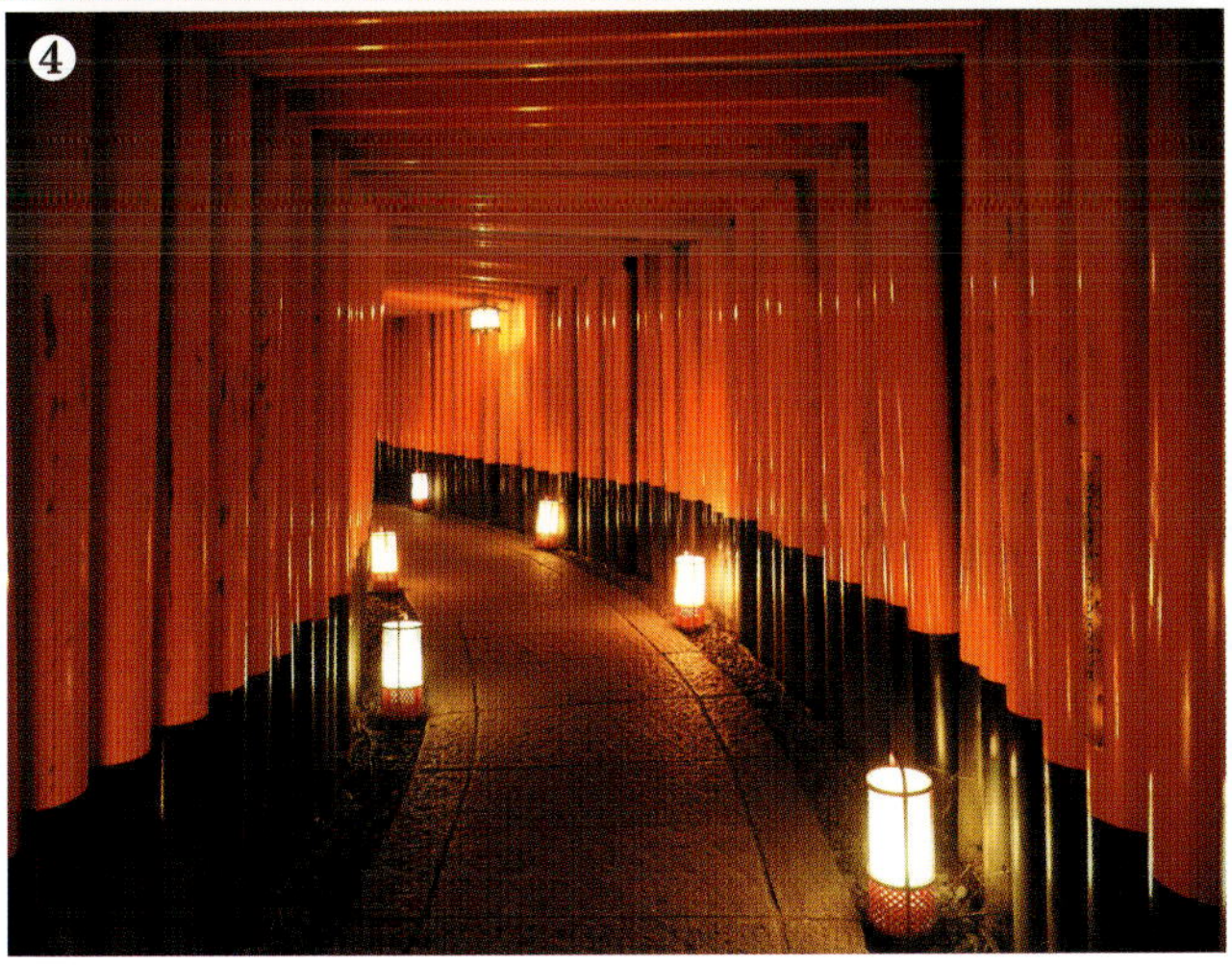

❶楼門・舞殿・外拝殿／稲荷山の麓にあり、楼門は天正17年（1589）に豊臣秀吉によって造営されたもの。❷稲荷山の四ツ辻からの眺望／標高約233メートルの稲荷山からは伏見の街を一望できる。❸上之社神蹟（一ノ峰）／稲荷山山頂にある奥宮で、末広大神を崇める信仰がある。❹千本鳥居／崇敬者が感謝の念をあらわすために鳥居を建立する風習があり、稲荷山全体では1万基あるともいわれる。

変じた白鳥が稲荷山に降り立ち、稲が生じたというのだ。これは「稲の神霊（穀霊）＝稲荷神」の化身である白鳥が稲荷山に降臨したことを言い表しているとみられ、一般にこれが伏見社の起源と考えられている。

　古代には餅は神聖なもので、切ることすら忌まれたといわれる。したがって伏見社の創祀説話は、「餅に矢を射る秦氏の振る舞いを、富者の驕りとして戒めるべく示現《じげん》したのが、稲荷神だった」と解せなくもない。

　問題は創祀の年代だが、『山城国風土記』には明記されていない。しかし秦氏の伝承では伊侶具は奈良時代に活躍した人物となっていて、伏見社では、稲荷神の降臨を和銅4年（711）のこととしている。

　つまり創祀は奈良時代のはじめで、『古事記』『日本書紀』に登場する伊勢神宮や大神神社のような古社に比べれば、その歴史は比較的浅いといえよう。ただし伏見には、秦氏の移住以前から住み着いていた先住民もいたとみられている。奈良時代に入る前から、稲荷山が神の鎮まる霊山として信仰されていたことは想像に難くない。

　平安遷都後、稲荷信仰は穀霊信仰を核としつつも、仏教や民俗信仰などとも習合しながら独自の発展を続け、全国各地に伝播していった。

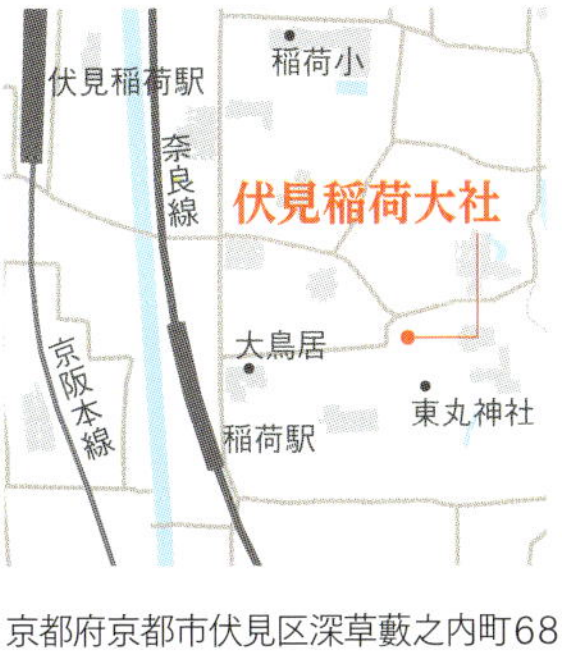

京都府京都市伏見区深草藪之内町68

❶拝殿／神門に掲げられている「高句麗神社」の扁額は明治33年（1900）に高麗神社を参拝した朝鮮王朝の貴族・趙重応による揮毫。❷将軍標／朝鮮半島において村や寺院の入り口に置かれる魔除けの境界標。❸旧高麗家住宅／高麗神社の宮司職を代々受け継いできた高麗家の旧住宅で、17世紀のもの。

朝鮮の王族を祀る関東の古社

高麗神社

こまじんじゃ

神社に祀られた渡来人のリーダー

神社には、神話・伝説に登場する神ではなく、実在した人物を神として祀っている神社も少なくない。高麗神社はその好例で、しかもその神格化された人物が、7～8世紀に活躍した朝鮮半島からの渡来人である点でユニークである。

社伝によると、7世紀後半、朝鮮半島北部にあった高句麗《こうくり》の王族だった若光《じゃっこう》が日本に渡来した。高句麗は668年に新羅《しらぎ》と唐によって滅ぼされているので、彼はその混乱を受けて日本に亡命してきたらしく、以後、母国に帰ることはなかった。

その後、若光は東国に住み着き、高麗《こまの》王《こにきし》若光と称して日本の朝廷に仕えた。そして奈良時代はじめ、朝廷が、東国に住んでいた渡来人を武蔵国に創設した高麗郡（埼玉県日高市・飯能市を中心とした地域）に移住させるという方針を打ち出すと、その首長に任じられた若光は高麗郡に赴き、渡来人たちのリーダーとなった。

若光が天平20年（748）に没すると、彼に従っていた人々は遺体を城外に埋め、霊廟を屋敷の裏山に建て、神として崇めたという。これが高麗王若光を主祭神とする高麗神社のはじまりとされている。

若光の名は正史である『続日本紀』の大宝3年（703）4月4日条に見えていて、実在したことは確かである。高麗神社の宮司は若光の子孫が代々務めた。現在の宮司は60代目にあたる。

埼玉県日高市新堀833

道鏡の郷里に営まれた宮の旧蹟

由義神社

ゆぎじんじゃ

神護景雲3年（769）、女帝称徳は河内国弓削《ゆげ》郷の由義宮に行幸した。由義宮は、称徳が、寵愛する弓削氏出身の怪僧道鏡《どうきょう》のために、彼の郷里に特別に設けたものだ。平城京に対する西京と定められ、広大な敷地をもった。天皇が崩御し道鏡が失脚すると荒廃したが、やがて跡地に由義神社が建てられた。スサノオとスクナヒコナを祀る。

大阪府八尾市八尾木北5-174

九州五所八幡宮のひとつ

千栗八幡宮

ちりくはちまんぐう

神亀元年（724）、肥前国養父郡の郡司だった壬生春成が一夜にして栗1000株が生じる奇瑞によって八幡神の降臨を知り、社殿を建てたことにはじまると伝えられている。平安時代には八幡信仰の本源宇佐神宮の別宮となり、九州五所八幡宮のひとつとして朝廷から篤い崇敬を受けた。肥前国一宮でもある。

佐賀県三養基郡みやき町白壁2415

百済の王子を祀る渡来系神社

百済王神社

くだらおうじんじゃ

朝鮮半島南部にあった百済は7世紀後半、隣国の新羅と唐によって滅ぼされた。その頃、百済の義慈王の子・善光《ぜんこう》は日本にいたが、もはや母国に戻ることはできず、朝廷に仕えた。晩年に「百済王《くだらのこにきし》」という氏名《うじな》を41代持統天皇から授けられ、その子孫は河内国交野郡に移住。この一族が祖霊を祀るために建立したのが、百済王神社である。

大阪府枚方市中宮西之町1-68

呪術を司った渡来人赤染氏の氏神

八王子神社

はちおうじじんじゃ

常世岐姫《とこよぎひめ》神社とも呼ばれる。宝亀8年（777）、河内国大県郡の住人赤染《あかぞめ》（茜染）人足《ひとたり》ら13人に「常世《とこよ》」という氏名が与えられた。この一族の子孫が祖神を祀って本拠地に建てたのが常世岐姫神社で。地元では八王子神社と呼ばれている。赤染氏は渡来系氏族で、朱《に》や丹を塗ることで器物や土地を浄化する呪術的な技能を司っていたとみられる。

大阪府八尾市神宮寺5-173

大仏鋳造に用いられた金の産地

黄金山神社

こがねやまじんじゃ

天平21年（749）、陸奥守だった百済王敬福《きょうふく》が陸奥国小田郡から出た黄金を朝廷に献上した。東大寺大仏の鍍金《ときん》に用いる金を求めていた45代聖武天皇はこれを喜び、年号を天平勝宝と改め、敬福に位階を授けた。産金の地には元々土地神を祀る神社があったが、これがのちに金の山神を祀る黄金山神社へ発展したと考えられている。

宮城県遠田郡涌谷町涌谷字黄金宮前23

銅産出を祝して奈良時代に創建

聖神社

ひじりじんじゃ

慶雲5年（708）、武蔵国秩父で見つかった銅が献上されると、朝廷は慶事として年号を「和銅」に改め、日本最初の流通貨幣といわれる「和同開珎《わどうかいちん》」（銀銭と銅銭があった）を発行した。また朝廷は勅使を秩父の銅山に派遣して神祠を建立。これが聖神社の草創とされる。建立時には採掘された銅が内陣に納められたという。

埼玉県秩父市黒谷2191

奈良時代に確立された修験の霊地

白山比咩神社

しらやまひめじんじゃ

白山神の示現《じげん》に会った泰澄《たいちょう》

石川県と岐阜県にまたがってそびえる標高2702メートルの白《はく》山《さん》は、奈良時代はじめに白山《はくさん》神の示現に会ったという、越前国（福井県）出身の修験者・泰澄が開いたと伝わる。

平安時代以降には、加賀・越前・美濃に登拝路（禅定道）が開かれて修験の霊山として隆盛し、禅定道ごとに登拝の基地として3つの「馬場《ばんば》」が設けられた。このうちの加賀馬場の拠点が、白山に源を発する手取川のほとりに鎮座する、白山比咩神社（白山本宮）だ。ククリヒメ・イザナギ・イザナミを祭神とし、このうちのククリヒメを白山比咩大神とも呼んでいる。

霊山白山への基盤とする白山神社は全国に分布するが、白山比咩神社はその総本宮に位置づけられていて、白山頂上には奥宮がある。

社伝によれば、10代崇神天皇の時代に現社地の北にある舟岡山に創建され、15代応神天皇の時代に手取川のほとり「十八講河原」に遷った。だが川がしばしば氾濫するため、霊亀2年（716）に川からやや離れた「安久濤《あくど》の森」（現在の北陸鉄道鶴来駅近く）に遷座。ところが文明12年（1480）に大火に遭い、末社が鎮座していた現社地に遷ったという。

イザナミから謎の女神ククリヒメへ

このように、伝承によれば白山

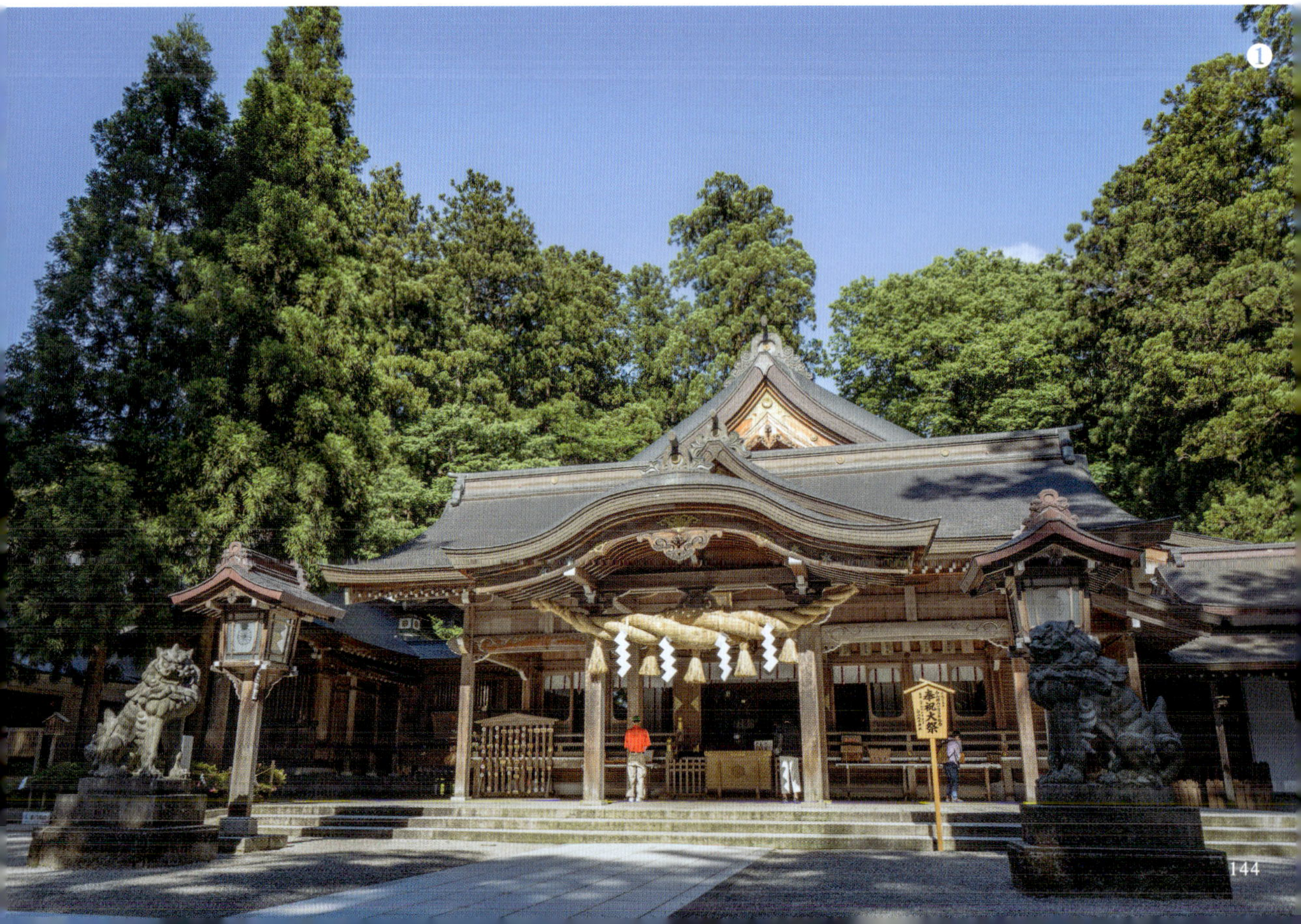

❶幣拝殿／拝殿の奥にある本殿とは、幣殿にある30段の木階登廊で結ばれている。❷白山奥宮／標高約2702メートルの白山（御前峰）山頂付近にある奥宮。現在の社殿は昭和63年（1988）に建立されたもの。❸白山奥宮祈祷殿／標高約2450メートル付近にある室堂には、奥宮登拝の拠点となる祈禱殿と宿泊施設がある。❹禊場／修験道の霊場として発展した白山比咩神社には、白山の伏流水で身を清める禊場がある。

比咩神社の歴史は崇神朝にまでさかのぼるが、文献史料上の初見は平安時代前期である。

一方、白山信仰そのものの確立には、前述した奈良時代の修験者泰澄が大きく寄与したといわれている。

平安時代中期成立とされる『泰澄和尚伝記』によると、養老元年（717）、白山山麓の池で祈念していた泰澄の前に、貴女（白山の女神）が示現し、「山頂で私の真姿を拝せ」と登拝を促した。そこで登頂して祈ると、十一面観音を感得したという。

神仏習合色の濃い開山伝説だが、注目したいのは、白山神が女神として観念されていたことだ。このことは白山神を祀ってきた白山比咩神社という社名（ヒメ＝女神）とも符合する。

白山の女神は、当初は、記紀神話における代表的な女神であるイザナミと同一視されたが、室町時代頃から、「白山神＝ククリヒメ」説が広まりはじめる。ククリヒメは『日本書紀』にイザナギとイザナミの諍いを仲介する役で登場する女神で、和合を象徴するような神格をもつ。

泰澄の実在を疑う見方もあるが、いずれにしても、奈良時代が白山信仰と白山比咩神社の歴史の画期になったのだろう。

石川県白山市三宮町ニ105-1

❶

名峰立山の山頂に鎮まる古社

雄山神社

おやまじんじゃ

『万葉集』にも詠まれた立山

立山《たてやま》といえば、広義では剣岳や薬師岳、黒部五郎岳などを含む長大な連峰をさすが、狭義では、その主部にあたる雄山《おやま》（標高約3003メートル）・大汝山《おおなんじ》（標高約3015メートル）・富士ノ折立《おりたて》（標高約2999メートル）の3峰をさす。

このうちの雄山の山頂に鎮座するのが雄山神社の峰本社で、山麓に祈願殿（芦峅《あしくら》中宮）と前立《まえたて》社壇があり、これら3社で雄山神社を構成している。現在の祭神はイザナギとアメノタヂカラオである。

立山の文献上の初出は、じつは『万葉集《まんようしゅう》』である。それは、越中国（富山県）の国守を務めた歌人大伴家持《やかもち》が天平19年（747）夏に詠んだ「立山の賦《ふ》」で（巻17所収）、立山が夏でも雪をいただく神秘の山として称えられている。

ただし当時は、立山は「たちやま」と読まれていた。これは、この雄大な山々が「神が立ち現れる」、すなわち神が顕現する霊山として畏敬されていたことを示しているのだろう。

奈良時代から修験道の霊場に

立山も雄山神社も古くから神仏習合の修験道の霊場としても知られたところで、仏教色も濃い。そのことは、雄山神社の縁起にもよくあらわれている。次のように伝えられているからだ（『和漢三才図会』）。

大宝元年（701）、越中国国司の嫡男・佐伯有頼が白鷹を追って山中に入り、熊を見て矢を射た。熊は岩屋に逃げ込み、有頼は熊を追ってその岩屋に入るが、傷ついた熊が阿弥陀如来に変身していたのを見て驚嘆。さらに阿弥陀如来が夢の中でこう告げた。

「私は濁世《じょくせ》の衆生を救うためにここに現れた。鷹は剣岳の神で、熊は私だったのだ。おまえは早く出家して山を開きなさい」

これによって有頼は発心し、山を下りて仏門に入り、慈興《じこう》と名乗った。そして立山を開き、雄山神社を建てたという。

この伝承から、雄山神社の祭神が阿弥陀如来の化身とされていたことがわかる。おそらく雄山の頂上が、阿弥陀如来が住まう極楽浄土に続いていると信じられていたのだろう。

一方で、立山は地獄信仰もまた盛んだった。地獄谷を中心とした噴煙の絶えない荒涼とした風景は、修験者たちにはまさにこの世の地獄として映ったに違いない。

明治時代のことだが、剣岳の山頂で、奈良時代後半～平安時代初期のものとみられる錫杖の頂部が発見された。古代から立山連峰に、慈興に比せられる、抖擻《とそう》にはげむ修験者の姿がみられたことの強力な物証である。

前立社壇：富山県中新川郡立山町岩峅寺1
芦峅中宮祈願殿：富山県中新川郡立山町芦峅寺2
峰本社：富山県中新川郡立山町芦峅寺立山峰1

❶雄山山頂／立山は雄山（標高約3003メートル）、大汝山（標高約3015メートル）、富士ノ折立（標高約2999メートル）の三つの峰からなり、主峰は雄山となっている。❷前立社壇／雄山神社を構成する三社のうち最も平野部にある神社で、大宝元年（701）創建と伝わる。❸芦峅中宮 祈願殿／立山信仰の拠点だった地にあり、立山を開いた佐伯有頼の廟や立山開山堂などがある。❹峰本社／雄山の山頂付近の岩頭には峰本社が鎮座しており、7月1日から9月30日までの開山期間中には多くの登拝者で賑わう。

奈良時代に開かれた東国の霊山

日光二荒山神社

にっこうふたらさんじんじゃ

奈良時代の勝道が切り拓いた

栃木県西北部にそびえる男体《なんたい》山(標高約2486メートル)を中心とする山岳群を日光山と総称する。古くから山岳信仰の霊場として開かれたところで、とくに男体山・女峰《にょほう》山・太郎山の3峰を日光三山と呼ぶ。

三山の東方裾野には社殿堂塔が建ち並んでいる。現在はおもに二荒山神社・東照宮・輪王寺の2社1寺によって構成されているが、明治維新期に行われた神仏分離の以前には、これらが渾然一体となって神仏習合の霊場を形成していた。

その歴史は、二荒山(男体山の古名)登頂を目指して天平神護2年(766)に日光に入った僧侶の勝道が、恒例山(現在の東照宮の裏庭)の南麓に創建した四本龍寺にはじまるとされている。

四本龍寺は輪王寺の前身にあたるが、9世紀にはその南側に神社が建てられ、四本龍寺の地を本宮と呼ぶのに対して、新宮と呼ばれた。新宮はほどなく本宮の北側に遷るが、これが二荒山神社のルーツである。

現在の二荒山神社は三山東方の裾野にある本社と中禅寺湖畔の中宮祠、男体山山頂の奥宮の3社から成る。祭神はオオナムチ・タゴリヒメ・アジスキタカヒコネで、その総称が二荒山大神ということになっている。

❶御本社／山内（日光市内）にある本社で、日光東照宮や輪王寺に隣接し、日光の信仰の中心地となっている。❷中宮祠／男体山の麓にある神社で、日光市内の御本社と男体山の山頂の奥宮の中間にある。❸奥宮／標高約2486メートルの男体山の山頂にあり、神刀が立てられている。❹男体山と中禅寺湖／日光二荒山神社は美しい円錐形の男体山を神体山として信仰している。中禅寺湖は勝道が開いた中禅寺に由来する。

観音浄土とみなされた男体山

日光を開いた勝道は下野国（栃木県）の生まれである。四本龍寺創建の翌年、天平神護2年にいよいよ二荒山の登拝に挑むが、雪や濃霧に阻まれて断念。天応元年（781）にも登頂を試みるが、これも失敗。翌延暦元年（782）、ようやく登頂に成功する。

延暦3年には山麓の中禅寺湖畔に神宮寺（補陀落山《ふだら》中禅寺＝立木観音）を建立し、現在の中宮祠付近に二荒山神を奉祀したという。こうした事績は、勝道の同時代人だった空海が撰した「沙門勝道山水をへて玄珠を瑩《みが》くの碑」に記されていて、これが二荒山神社に関する最古の史料となっている。

「日光」という地名については、「補陀落《ふだらく》」→「二荒《ふたら》」→「二荒《にこう》」→「日光」と転訛したものとする説がある。補陀落とは観音浄土を意味するサンスクリット語「ポータラカ」の音写である。この説に従えば、男体山に象徴される日光は、観音浄土になぞらえられてきたことになる。勝道は二荒山＝男体山を観音信仰の聖地とみていたのだろう。

男体山の山頂付近からは、鏡・錫杖・経筒などの奈良時代以来の遺物が出土していて、日光山岳信仰の歴史の深さを証言している。

栃木県日光市山内2307

山と海を司る「日本総鎮守」

大山祇神社

おおやまづみじんじゃ

瀬戸内海の大三島《おおみしま》に鎮まる名社

瀬戸内海上の、本州中国地方と四国本土のほぼ中間に浮かぶ大三島に鎮座する。そのため、大三島神社とも呼ばれる。祭神のオオヤマヅミは、記紀神話によれば天孫ニニギの妻となったコノハナサクヤヒメの父神で、山を司る神である。

代表的な山の神が海に囲まれた島に祀られていることは不思議に映るが、大三島は鷲ヶ頭山（標高約４３６メートル）を中心とする広大な島だ（瀬戸内海の島では面積で第4位）。そしてこの山の麓に鎮まっているのが、大山祇神社なのである。

とはいえ、歴史的に見ると、この神社と海とのつながりが深いこともまた事実である。

『伊予国風土記』逸文には、大三島のオオヤマヅミは別名を「渡しの神」（「航海の神」の意）と言い、16代仁徳天皇の時代に顕現し、朝鮮半島南部の百済国から渡来してまず摂津国三島（大阪府高槻市付近）に鎮座したといったことが書かれている。大三島のオオヤマヅミが、摂津国三島から海を経て勧請されたものであることを述べているのだろう。

『伊予国風土記』の記述はあくまで伝説だが、大三島は古来、瀬戸内海交通の要路だった。ならば、この島の守護神が海神の性格も有するようになったのは当然のことといえるだろう。

創建年代は不明だが、文献史料上の初出は『続日本紀』天平神護

❶拝殿／社殿の後方には、鷲ヶ頭山、安神山、小見山があり、古くは御本社・上津社・下津社の神体山として信仰された。❷御神木／樹齢約2600年の大楠で、祭神の子孫である小千命によって植えられたと伝えられる。❸本殿／本殿と拝殿は室町時代初期に再建されたもので、国の重要文化財に指定されている。❹御田植祭の一人角力／毎年旧暦5月5日に行われるお田植祭では、目に見えない稲の神霊と相撲を取る一人角力が行われる。

2年（766）条で、この年以前には成立していたことは間違いない。平安時代には名神大社に列せられている。

有力豪族越智氏がトップを世襲

神社の最高責任者である「大《おお》祝《ほうり》」は、有力豪族の越智《おち》氏が古くから世襲してきた。

大三島一帯の島々と対岸の高縄半島の一部を含む地域（伊予国越智郡）は、古くは「小千《おち》国」と呼ばれ、小千国造が治めていたと伝えられている。越智氏はこの小千国造の後裔とみられ、古代・中世には強大な権勢を誇り、大山祇神社に隆盛をもたらした。越智氏については祖神をニギハヤヒとする伝承もあるが、南九州を拠点に活躍してオオヤマヅミを奉斎した一族をルーツにみる説もある。

大山祇神社といえば、「日本総鎮守」という尊称でも名高い。これについては次のようないわれが伝えられている。

三蹟《さんせき》のひとりに数えられる平安中期の公卿・藤原佐理《すけまさ》が大三島付近を航海中に遭難しかけたとき、大三島の神の夢告に応じて、船板に「日本総鎮守大山積大明神」と記して奉納した。すると嵐は止み、船は無事に進んだ。帰京後、このことを知った天皇は、「日本総鎮守」の名号を大山祇神社に授けたという。

愛媛県今治市大三島町宮浦3327

源頼朝が崇敬した伊豆の名社

三嶋大社

みしまたいしゃ

平安中期に現在地へ遷座か

伊豆半島の付け根付近にあたる静岡県三島市に鎮座する三嶋大社については、その草創をめぐってかねて論争がある。

延長5年（927）完成の『延喜式』神名帳は古代の有力神社リストのようなものだが、この文献の伊豆国賀茂郡の欄の筆頭には「伊豆三嶋神社」が記されている。

この「伊豆三嶋神社」はいかにも三嶋大社のことを指しているように思えるが、ことはそう単純ではない。現在の三嶋大社の鎮座地である三島市のエリアは同じ伊豆国でも賀茂郡ではなく田方《たがた》郡にあたり、一方『延喜式』神名帳の田方郡の欄には、三嶋大社に該当しそうな神社名が見当たらないからである。

そこで、賀茂郡の「伊豆三嶋神社」と田方郡に厳存する三嶋大社がどう結びつくのかということに関して諸説が唱えられることになったのだが、そのうちで有力と思われるのは、次のようなものである。

「三嶋大社は当初は賀茂郡に所在していたが、平安時代中期以降（『延喜式』神名帳の成立以降）に、交通の要衝で伊豆国の国府があった田方郡に遷ったのだろう」

神聖な空間だった伊豆諸島

この説が正しいとすると、当初の三嶋大社の鎮座地は、賀茂郡の中のどこにあったのだろうか。これについてもいくつかの説がある

①

が、伊豆諸島に求める説が興味深い。これを概説してみよう。

古代の伊豆国賀茂郡は、伊豆半島南部に伊豆諸島を加えた地域にあたると考えられている。このうちの伊豆諸島は火山列島で、大規模噴火は古くから史書に記録されており、平安時代にはとくに火山活動が活発だったらしい。地震も多かっただろう。

こうした自然現象は古代には神々のなせる業《わざ》と信じられ、島々には噴火や造島を司る神が鎮まっていると信じられた。

だとすれば、原初の三嶋大社は伊豆諸島にあって、社名のミシマとは、火山の多い伊豆諸島の神格化としての「御島」の意ではないのか。そしてのちに伊豆半島南部に遷り、さらに現社地に遷ったのではないのか——。

ちなみに、現社地の地名である「三島」は三嶋大社の社名に由来するもので、元々ここについていた地名ではない。

伊豆に流されていた源頼朝が三嶋大社を篤く崇敬し、治承4年（1180）の挙兵に際しては奉幣をして戦勝を祈願したことは有名である。

祭神はオオヤマヅミとコトシロヌシで、瀬戸内の大三島に鎮座する大山祇神社とのつながりを指摘する見方もある。

❶社殿と舞殿／本殿・幣殿・拝殿の三つの建物が連なる複合社殿と舞殿で、いずれも幕末の慶応2年（1866）に建立されたもの。❷神池／元暦2年（1185）に源頼朝が放生会を行ったとされる池。また鰻が多く棲息していることから鰻は三嶋大社の神の使いとされる。❸神馬舎／三嶋大社には、神馬が毎朝、御祭神を乗せて箱根山を登る伝承があり、子どもの成長と健脚が祈願される。❹たたり石／約2900年前の富士山の噴火でもたらされた石と伝えられ、古くは旧東海道と下田街道の真ん中にあり、行き交う人の流れを整理する絡垜（たたり）の役割を果たした。

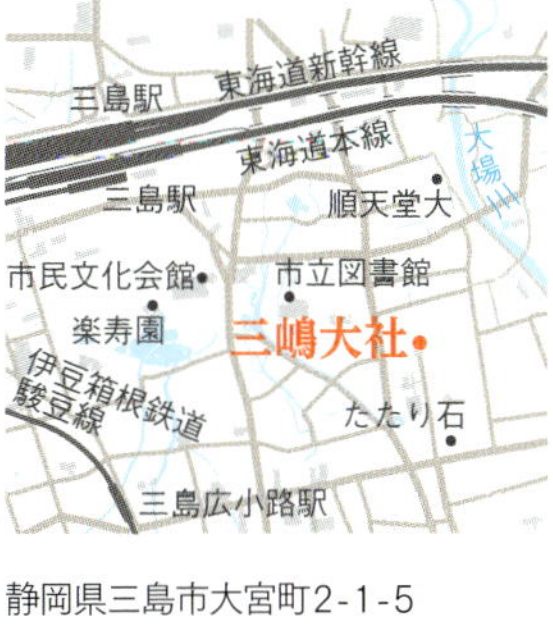

静岡県三島市大宮町2-1-5

❶

坂上田村麻呂伝説と津軽の聖地

岩木山神社

いわきさんじんじゃ

津軽のシンボルの頂上に鎮座

岩木山は津軽富士とも呼ばれて古来、津軽地方のシンボルとなってきた。その山頂（標高約1625メートル）を奥宮とするのが岩木山神社で、山麓の百沢に里宮がある。顕国魂《うつしくにたま》神・多都比《たつひ》姫神・宇賀能売《うがのめ》神を祀り、他にオオヤマヅミと坂上苅田麻呂《かりたまろ》を配祀する。御神体は岩木山そのものだ。

秀麗な山容をもつ岩木山は古くから信仰の対象になってきたと思われるが、神社の草創については種々の伝承があって、明確には定めがたい。とりあえず社伝に拠って紹介すると、およそ次のようになる。

宝亀11年（780）に山頂に社殿が創建された。延暦19年（800）に坂上田村麻呂がこれを再建し、これとは別に山の北麓の十腰《とこし》内《ない》の里に下居《おりい》宮を建立し、山頂を奥宮と称した。寛治5年（1091）、神託により下居宮を100の沢を越して南麓の地に遷した。これが現在の岩木山神社の里宮のルーツということになる。

かつては神仏習合が盛んで、境内にあった百沢寺を別当とし、岩木山三所大権現とも称した。

岩木山の女神となった安寿姫

縁起に登場する坂上田村麻呂は平安時代初期に活躍した武将で、桓武天皇が命じた蝦夷征討を指揮

❶岩木山／「お岩木さま」「お山」として親しまれる岩木山は津軽の開拓神が鎮まる霊山として信仰されている。❷奥宮／標高約1625メートルの岩木山の山頂にある奥宮では、毎年旧暦8月1日に各村落が登拝する奥宮神賑祭（お山参詣）が行われる。❸中門と拝殿／神仏習合を色濃く残し、拝殿は百沢寺の本堂として慶長8年（1603）に建立されたもの。❹逆さ狛犬／楼門の前の玉垣にある狛犬は上向きのものと下向きのものとがある。

し、征夷大将軍に任じられて数々の戦果を挙げている。祭神の1柱である坂上苅田麿は田村麻呂の父で、田村麻呂が合祀したということになっている。

ただし史実としては、田村麻呂の征討の北限は北上川上流の胆沢（岩手県水沢市）あたりとみられているので、彼の足が津軽にまで及んだことは考えにくい。田村麻呂の神社再建はあくまで伝説ととらえるべきだろう。

岩木山神社にまつわる伝説としては、中世説話の山椒太夫物語のヒロイン安寿《あんじゅ》姫をめぐるものが注目される。

まずスタンダードな山椒太夫物語の筋書きを紹介しよう。

「平安時代、奥州の領主の子だった安寿姫と厨子《ずし》王の姉弟が父を尋ねて漂泊していると、人買いの手にかかって丹後国に送られ、長者山椒太夫の奴隷に身を落とす。安寿姫の勧めで厨子王は逃れるも、姫自身は亡くなる。厨子王は都に上ると朝廷から奥州・丹後などの領地を賜わり、丹後で太夫を誅し、佐渡で盲目となっていた母親と再会する」

ところが津軽の伝説では、安寿姫は死なずに丹後から津軽に逃れ、岩木山に登って神になったことになっている。おそらく中世の貴種流離譚風の物語が津軽では岩木山の神を女神とする信仰と合わさり、それがイタコや漂泊宗教者によって伝えられていったのだろう。

青森県弘前市大字百沢字寺沢27

❶桜／平安時代になると花見は梅から桜へと移っていった。平野神社には、約60種400本の桜がある。❷拝殿と本殿／本殿は4殿2棟で、比翼春日造あるいは平野造と呼ばれる独特の様式になっている。❸霊石すえひろがね／拝殿に向かって左側にある霊石で、餅鉄とも呼ばれる。重さは約200キロあり、鉄分が約70％ある。

桓武天皇の生母とゆかりが深い

平野神社

ひらのじんじゃ

平安京遷都とともに大内裏近くに遷座

桜の名所として知られる平野神社は、桓武天皇の母親である和《やまと》（高野）新笠《にいがさ》が平城京の田村後宮で祀った神祠だったと伝わる。主神の今木神《いまき》が、新笠の祖神だったとされ、桓武天皇によって平安京への遷都が行われた際、大内裏近くに遷し祀られたのが平野神社の創建とされる。今木とは「今来《いまき》」であり渡来系であることを示す名前ともいわれ、そもそもは百済の武寧王《ぶねい》の子孫を自称する和氏、高野朝臣が信仰する神だった。

新笠の夫は、宝亀元年（770）に62歳で即位した49代光仁天皇である。元々は白壁王《しらかべ》といい、38代天智天皇の孫として和銅2年（709）に生まれた。当時の天智系は傍流で、しかも父の志貴《しき》皇子が早くに亡くなった。そのため、初叙（従四位下）は29歳で、当時の皇族としては相当遅かった。

新笠は白壁王（のちの49代光仁天皇）の宮人（側室）となり、天平9年（737）に山部王、天平勝宝2年（750）に早良王《さわら》を産んだ。天応元年（781）、山部親王が桓武天皇として即位すると、新笠は皇太夫人と称された。そして、延暦8年（790）の薨去後には皇太后を追贈された。一周忌に際しては、新笠の父である和（高野）乙継に正一位が追贈された。

平安時代以降、平野神社は「天皇家の外戚の神」として朝廷から重要視されるようになった。

京都府京都市北区平野宮本町1

文武天皇によって創建された古社

砥鹿神社

とがじんじゃ

大宝年間（701〜704年）、42代文武天皇の病気平癒のために、愛知県新城市にある煙巌山鳳来寺に草鹿砥公宣《くさかどきんのぶ》が派遣された。ところが公宣は三河の山中において道に迷ってしまった。この時出現した老翁の導きにより無事祈願を果たし、文武天皇も快癒した。このことに感謝した文武天皇は再び公宣を派遣し、老翁の望みによってこの地に社殿を建立したと伝わる。

愛知県豊川市一宮町西垣内2

干ばつに苦しむ人々が信仰した水神

田村神社

たむらじんじゃ

7代孝霊天皇の皇女・ヤマトトトヒモモソヒメを祀る神社で、龍の姿となってこの地に降臨したと伝わる。讃岐地方は雨が多くなく、多くの溜池などがつくられたが、田村神社付近は伏流水が多く、水神信仰の中心地となった。和銅2年（709）に社殿が創建された記録があり、かつては「定水大明神」とも呼ばれた。奥殿の床下にある深淵には龍が棲むと伝わり、干魃の際には領主がまず田村神社に祈願したという。

香川県高松市一宮町286

比叡山延暦寺の地主神を祀る

日吉大社

ひよしたいしゃ

『古事記』には「大山咋神《おおやまくい》、亦《また》の名を山末之大主神。此の神は近淡海国の日枝《ひえ》（比叡）の山に坐し」とあり、古くからこの地の地主神だったと考えられる。東西二つの本宮と五つの摂社からなる神社で、西本宮の祭神であるオオナムチは、大津京遷都の翌年の天智天皇7年（668）に三輪山の大神神社から勧請されたものとされる。比叡山延暦寺が近いことから、最澄が開いた天台宗は山岳信仰と結びつき、日吉大社は「山王権現」とも称され、山王信仰が発展していった。

滋賀県大津市坂本5-1-1

二上山の信仰を起源とする

射水神社

いみずじんじゃ

社伝によると養老年間（717〜724年）に僧侶の行基が二上《ふたがみ》権現を祀る養老寺を建てたのが創始と伝わる。現在の祭神はニニギとなっているが、明治時代以前には二上山の神である二上神を祀り、仏教色の強い神仏習合の信仰地だった。二上神は、当地の豪族・伊弥頭《いみず》国造の祖神であるともされ、二上山周辺には県内最古の大型古墳がある桜谷古墳が残っており、有力豪族の陵墓と考えられている。神仏分離後に二上山から現在地に遷座された。

富山県高岡市古城1-1

藤原不比等によって創建

御上神社

みかみじんじゃ

社伝によれば、7代孝霊天皇の時代にアメノミカゲが三上《みかみ》山に降臨したと伝えられる。養老2年（718）に44代元正天皇の命を受けた藤原不比等が社殿をつくらせたという。三上山は神社の創建以前から神奈備山として信仰される山だった。山麓の大岩山では明治時代に14個もの銅鐸が発見されている。さらに昭和37年（1962）には銅鐸10個がまとめて発掘され、弥生時代からの聖地であることが裏付けられた。

滋賀県野洲市三上838

かたのあまつかみのやしろ	123
がっさんじんじゃ	115
かつらぎひとことぬしじんじゃ	102
かつらぎみとしじんじゃ	50
かとりじんぐう	29
かなさなじんじゃ	79
かまやまじんじゃ	50
かみくらじんじゃ	42
かみたにたちのみや（かみたにじんじゃ）	61
かもすじんじゃ	23
かもつばじんじゃ	50
かもみおやじんじゃ（しもがもじんじゃ）	137
かもわけいかづちじんじゃ（かみがもじんじゃ）	136
からくにじんじゃ	110
からつじんじゃ	91
かわわじんじゃ	79
きびつじんじゃ	58
きふねじんじゃ	98
きりしまじんぐう	32
きりしまひがしじんじゃ	27
くさなぎじんじゃ	78
くしふるじんじゃ	36
くだらおうじんじゃ	143
くまのたいしゃ	23
くまのなちたいしゃ	40
くまのはやたまたいしゃ	43
くまのほんぐうたいしゃ	64
けたたいしゃ	60
けひじんぐう	61
けやくろたつじんじゃ	105
こうのうちじんじゃ	20
こうらたいしゃ	92
ごおうじんじゃ	133
こがねやまじんじゃ	143
こしおうじんじゃ	61
このじんじゃ	94
こまがたじんじゃ	110
こまじんじゃ	142
こんだはちまんぐう	97
さかおりのみや	78
さきたまじんじゃ	103
さくらぎじんじゃ	124
さわむたじんじゃ	103
さのじんじゃ	49
さむかわじんじゃ	109
さるたひこじんじゃ	75
しおのみさきじんじゃ	27
しかうみじんじゃ	83
しとりじんじゃ	27
しらひげじんじゃ	92
しらやまひめじんじゃ	144
すがじんじゃ	22
すみよしじんじゃ	89
すみよしじんじゃ	91
すみよしたいしゃ	80
すもうじんじゃ	55
すわたいしゃ	30
そがにますそがつひこじんじゃ（いるかのみや）	117
たかかもじんじゃ	50
たがたいしゃ	12
たかちほじんじゃ	36
たけおじんじゃ	91
たつたたいしゃ	124
たどたいしゃ	103
たなかじんじゃ	105
たまきじんじゃ	44
たむらじんじゃ	157

談山神社	たんざんじんじゃ	120
秩父神社	ちちぶじんじゃ	79
千栗八幡宮	ちりくはちまんぐう	143
月讀神社	つきよみじんじゃ	20
筑波山神社	つくばさんじんじゃ	61
堤根神社	つつみねじんじゃ	103
都萬神社	つまじんじゃ	49
劔神社	つるぎじんじゃ	92
戸隠神社	とがくしじんじゃ	18
砥鹿神社	とがじんじゃ	157
土佐神社	とさじんじゃ	105
土師神社	どしじんじゃ	75
遠見岬神社	とみさきじんじゃ	70
等彌神社	とみじんじゃ	45
豊受大神社	とゆけだいじんじゃ	103
豊玉姫神社	とよたまひめじんじゃ	36
長浜神社	ながはまじんじゃ	23
中山神社（中氷川神社）	なかやまじんじゃ（なかひかわじんじゃ）	70
丹生川上神社	にうかわかみじんじゃ	122
丹生都比売神社	にうつひめじんじゃ	86
日光二荒山神社	にっこうふたらさんじんじゃ	148
貫前神社	ぬきさきじんじゃ	110
走水神社	はしりみずじんじゃ	78
八王子神社	はちおうじじんじゃ	143
花窟神社	はなのいわやじんじゃ	10
榛名神社	はるなじんじゃ	48
氷川神社	ひかわじんじゃ	66
氷川女體神社	ひかわにょたいじんじゃ	70
英彦山神宮	ひこさんじんぐう	106
聖神社	ひじりじんじゃ	143
日前神宮・國懸神宮	ひのくまじんぐう・くにかかすじんぐう	16
比婆山久米神社	ひばやまくめじんじゃ	20
日吉大社	ひよしたいしゃ	157
枚岡神社	ひらおかじんじゃ	128
平野神社	ひらのじんじゃ	156
廣瀬大社	ひろせたいしゃ	124
廣田神社	ひろたじんじゃ	82
富士山本宮浅間大社	ふじさんほんぐうせんげんたいしゃ	62
伏見稲荷大社	ふしみいなりたいしゃ	140
二見興玉神社	ふたみおきたまじんじゃ	75
平群坐紀氏神社（紀氏神社）	へぐりにますきしじんじゃ（きしじんじゃ）	105
方違神社	ほうちがいじんじゃ	55
宝満宮竈門神社	ほうまんぐうかまどじんじゃ	118
寶登山神社	ほどさんじんじゃ	79
松尾大社	まつのおたいしゃ	134
御上神社	みかみじんじゃ	157
三國神社	みくにじんじゃ	105
三嶋大社	みしまたいしゃ	152
三峯神社	みつみねじんじゃ	79
美保神社	みほじんじゃ	27
宮崎神宮	みやざきじんぐう	38
宮地嶽神社	みやじだけじんじゃ	88
椋神社	むくじんじゃ	79
宗像大社	むなかたたいしゃ	14
物部神社	もののべじんじゃ	108
八重垣神社	やえがきじんじゃ	23
八口神社	やぐちじんじゃ	23
彌彦神社	やひこじんじゃ	49
山津照神社	やまつてるじんじゃ	92
山宮浅間神社	やまみやせんげんじんじゃ	78
由義神社	ゆぎじんじゃ	143
湯殿山神社	ゆどのさんじんじゃ	116
和氣神社	わけじんじゃ	132
和多都美神社	わたづみじんじゃ	36
海神神社	わたつみじんじゃ	91
和爾下神社	わにしたじんじゃ	105